エレン・ベーカー先《せん》生《せい》

はじめての英《えい》語《ご》教《きょう》室《しつ》

監修
アレン玉《たま》井《い》光《みつ》江《え》

東京書籍

エレン先生《せんせい》と学《まな》ぼう

こんにちは。みなさんは、小学校《しょうがっこう》でも英語《えいご》を勉強《べんきょう》するようになりましたね。どのように英語《えいご》を勉強《べんきょう》していますか？ 英語《えいご》の勉強《べんきょう》は好《す》きですか？ 中学校《ちゅうがっこう》に入《はい》って英語《えいご》が急《きゅう》に難《むずか》しくなったと思《おも》っている人《ひと》はいますか？

この本《ほん》では、小学校六年生《しょうがっこうろくねんせい》のハルカと中学校一年生《ちゅうがっこういちねんせい》のケイゴが、みんなと同《おな》じように英語《えいご》を学《まな》ぶことについていろいろと考《かんが》えていきます。

例《たと》えば「どうして英語《えいご》を勉強《べんきょう》しなくてはいけないのか」とか「どうやったら英《えい》語《ご》が上手《じょうず》になるのか」「英語《えいご》はほんとうに役《やく》に立《た》つのか」などについて、ＡＬＴ（外国語指導助手《がいこくごしどうじょしゅ》）でとてもチャーミングなエレン先生《せんせい》にたずねています。この本《ほん》を読《よ》みながらみなさんもいっしょに考《かんが》えてみてください。

わたしは幼稚園生《ようちえんせい》から中学生《ちゅうがくせい》に英語《えいご》を教《おし》えてきましたが、英語《えいご》が上手《じょうず》になる人《ひと》には共通《きょうつう》した特徴《とくちょう》があります。そのような人《ひと》はまず、①先生《せんせい》の言《い》っている英語《えいご》をしっかり聞《き》いて、②好奇心《こうきしん》が強《つよ》く、③わからなくてもあまりへこたれず、④大《おお》きな声《こえ》で英語《えいご》を言《い》って練習《れんしゅう》し、⑤自分《じぶん》でなんとか英語《えいご》が言《い》えるように工夫《くふう》しています。とにかく英語《えいご》の時間《じかん》を楽《たの》しんでいるようです。

小学校《しょうがっこう》の高学年《こうがくねん》や中学生《ちゅうがくせい》にもなれば、「英語《えいご》が面白《おもしろ》い」という思《おも》いとともに「英語《えいご》はやればできる」という自信《じしん》を持《も》つことが大切《たいせつ》です。おぼえることが増《ふ》えるので、だんだん英語《えいご》を苦手《にがて》に感《かん》じるかもしれませんが、あきらめないでください。ガマンして努力《どりょく》すれば必《かなら》ずわかるようになります。

そして自信《じしん》を持《も》つカギになるのが、読《よ》み書《か》きの力《ちから》です。小学校《しょうがっこう》のときに基礎的《きそてき》な読《よ》み書《か》きの力《ちから》を身《み》につけることがとても重要《じゅうよう》です。基礎的《きそてき》な読《よ》み書《か》きの力《ちから》とは、文字《もじ》、そして音《おと》と文字《もじ》との関係《かんけい》をしっかり理解《りかい》し、単語《たんご》を読《よ》める力《ちから》です。この本《ほん》でもその点《てん》についてエレン先生《せんせい》がていねいに説明《せつめい》してくれています。

わたしたちが暮《く》らしているこの21世紀《せいき》では、多《おお》くの事柄《ことがら》が予測不可能《よそくふかのう》だと言《い》われています。このような時代《じだい》を生《い》きるみなさんが、英語《えいご》を通《とお》して、グローバルな視点《してん》を持《も》ち、同時《どうじ》に自分自身《じぶんじしん》を深《ふか》く理解《りかい》していくことができるように、エレン先《せん》生《せい》とともに心《こころ》からのエールをおくります。

アレン玉井《たまい》 光江《みつえ》

エレン先生《せんせい》

もくじ

この本《ほん》の使《つか》い方《かた》

この本《ほん》の各章《かくしょう》は「マンガ部分《ぶぶん》」と、それを受《う》けたエレン先生《せんせい》や児童《じどう》生徒《せいと》との「会話部分《かいわぶぶん》」から成《な》り立《た》っています。英語《えいご》に対《たい》する素朴《そぼく》な疑《ぎ》問《もん》から、あっとおどろく勉強法《べんきょうほう》まで、エレン先生《せんせい》が46の質問《しつもん》にこたえています。ぜひ楽《たの》しみながら英語《えいご》の学習《がくしゅう》を好《す》きになってください。各《かく》章《しょう》の終《お》わりのコラムでは、エレン先生《せんせい》が魅力《みりょく》あふれる世界遺産《せかいいさん》を紹《しょう》介《かい》してくれていますよ。

登場人物紹介《とうじょうじんぶつしょうかい》

エレン・ベーカー先生《せんせい》

若葉小学校《わかばしょうがっこう》のＡＬＴ（外国語指導助手《がいこくごしどうじょしゅ》）。授業時《じゅぎょうじ》間以外《かんいがい》にも友人《ゆうじん》とともに、ボランティアの英語教《えいごきょう》室《しつ》「NEW HORIZON ENGLISH CLUB」を開《かい》催《さい》している。

ハルカ

英語《えいご》が大好《だいす》きな小学《しょうがく》６年生《ねんせい》。将来《しょうらい》はパティシエになりたい。ケイゴとは古《ふる》くからの幼《おさな》なじみ。

ケイゴ

サッカー部所属《ぶしょぞく》の中学《ちゅうがく》１年生《ねんせい》。宇宙《うちゅう》の研究者《けんきゅうしゃ》になりたいが、英語《えいご》の勉強《べんきょう》で挫折気味《ざせつぎみ》……。

1章《しょう》

なんで英語《えいご》を勉強《べんきょう》しないといけないの？

図書館
コミュニティ
センター
宇宙のひみつ
あっ
エレン・ベーカー先生《せんせい》！
ケイゴ！
久《ひさ》しぶり 小学校《しょうがっこう》の最後《さいご》の授業《じゅぎょう》以来《いらい》ですね
中学《ちゅうがく》でも英語《えいご》を楽《たの》しんでる？
……
浮《う》かない顔《かお》だけどどうしたの？

小学校《しょうがっこう》の英語《えいご》は楽《たの》しかったんだけど中学校《ちゅうがっこう》の英語《えいご》が難《むずか》しくて中間《ちゅうかん》テストでも悪《わる》い点《てん》取《と》っちゃってさ…
英語《えいご》が嫌《きら》いになりそうだよ
まぁ…そうだったのね
!
そんなに悩《なや》んでいるならあたしたちがやっている英語教室《えいごきょうしつ》においでよ！
えっ？
ぐいっ
公民館
コミュニティセンター

NEW HORIZON ENGLISH CLUB
ぴたっ
英語《えいご》…教室《きょうしつ》?
中学校《ちゅうがっこう》の英語《えいご》で悩《なや》んでも大丈夫《だいじょうぶ》!
わからないところはこの教室《きょうしつ》で教《おし》えますよ!

ガラッ
ワイ
ワイ
キョロ
キョロ
へえ…
いろんな年代《ねんだい》の人《ひと》がいるんだな
やさしい英語
あれ
ハルカ?
ケイゴ!
小学校
英語

久《ひさ》しぶりだな… てか、なんでこんなところに？
わたしもここに通《かよ》ってるの
学校《がっこう》やこの英語教室《えいごきょうしつ》で勉強《べんきょう》して、いつか英語《えいご》ができるようになるんだ！
キラ キラ
どうせ中学校《ちゅうがっこう》になったらオレみたいに嫌《きら》いになっちゃうよ…
ぽつり…
ぐっ

単語《たんご》も文法《ぶんぽう》も小学校《しょうがっこう》とくらべると難《むずか》しくなる…
え…そうなの？
そもそも日本人《にほんじん》なんだから日本語《にほんご》さえできればそれでいいじゃん！
英語《えいご》なんて勉強《べんきょう》する意味《いみ》ないよ！

すっ
たしかに「今《いま》」はそうかもしれない
でも、これからはどうかな?
そしてあなたの将来《しょうらい》にもとても影響《えいきょう》があるかもしれないよ
将来《しょうらい》…?

Q1 なんで英語《えいご》を勉強《べんきょう》しないといけないの？

「将来《しょうらい》に影響《えいきょう》がある」って言《い》われても、想像《そうぞう》できないよ。英語《えいご》を勉強《べんきょう》する意味《いみ》なんてないんじゃない？

どうしてそう思《おも》うの？

日本《にほん》にいたら英語《えいご》を使《つか》う機会《きかい》なんて全然《ぜんぜん》ないじゃん。

たしかに学校《がっこう》や英会話《えいかいわ》教室《きょうしつ》以外《いがい》で英語《えいご》を話《はな》すことってほとんどないかも……。

ほーらやっぱり！ 英語《えいご》なんてオレたちには必要《ひつよう》ないんだよ！

なるほど。じゃあなんで、小学校《しょうがっこう》で英語《えいご》の授業《じゅぎょう》が新《あたら》しくはじまったんだろう？

え？ 新《あたら》しく？ 小学校《しょうがっこう》の英語《えいご》の授業《じゅぎょう》って昔《むかし》からあるんじゃないの？

小学校《しょうがっこう》で「教科《きょうか》」として**英語《えいご》の授業《じゅぎょう》がはじまったのはほんの少《すこ》し前《まえ》**のこと。みんなのお父《とう》さんやお母《かあ》さんが子《こ》どものころにはなかったんだよ。

なんでわざわざ小学校《しょうがっこう》で英語《えいご》の授業《じゅぎょう》を増《ふ》やしたんだろう？

増《ふ》やしたということは、**あなたたちが大人《おとな》になるとき、今《いま》よりももっと英語《えいご》が必要《ひつよう》になる**ってことなんじゃないかな？

英語《えいご》が必要《ひつよう》に？　そうは思《おも》えないけど……。

今《いま》はそう思《おも》うかもしれないけど、これからはどうだろう。なぜなら今《いま》、**世界《せかい》はグローバル化《か》してきている**からね。

ぶどうガム化《か》？

ガムが好《す》きなの？（笑）……グローバル化《か》だよ。かんたんに言《い》うと、世界中《せかいじゅう》の国《くに》がお互《たが》いにつながりあって、影響《えいきょう》しあうようになるっていうことかな。

ふうん。なんだか難《むずか》しそう……。

身近《みぢか》な例《れい》をあげれば、海外旅行《かいがいりょこう》があるわ。今《いま》は日本《にほん》から人《ひと》が世界中《せかいじゅう》の国《くに》に行《い》ったり、逆《ぎゃく》に世界中《せかいじゅう》から人《ひと》が日本《にほん》に来《き》たりしているよね。**海外《かいがい》の人《ひと》が日本《にほん》に旅行《りょこう》で来《く》ることは「インバウンド」と呼《よ》ばれているわ。**

聞《き》いたことある! たしかに最近《さいきん》、外国《がいこく》から来《き》た観光客《かんこうきゃく》をたくさん見《み》かけるかも。

友達《ともだち》は逆《ぎゃく》に、夏休《なつやす》みに海外旅行《かいがいりょこう》に行《い》くって言《い》ってた!

交通《こうつう》が発達《はったつ》して**さまざまな国《くに》の人《ひと》が世界中《せかいじゅう》を旅《たび》する**ようになった。これもグローバル化《か》の一部《いちぶ》だね。そんなときに必要《ひつよう》となるのが……。

英語《えいご》! そう言《い》われると意外《いがい》に身近《みぢか》な気《き》がしてきたよ!

グローバル化《か》と言《い》えば、ほかにどんなことがあるかな?

ええと、世界的《せかいてき》な規模《きぼ》から言《い》えば、**気候変動《きこうへんどう》が問題《もんだい》**になっているけど……。

それ、学校《がっこう》で勉強《べんきょう》した！　ＳＤＧｓの17の目標《もくひょう》の中《なか》にも含《ふく》まれていますよね。

たしか、**世界中《せかいじゅう》で協力《きょうりょく》して対策《たいさく》しないといけない**って教《おそ》わったような……。

そう。世界中《せかいじゅう》の人《ひと》と一緒《いっしょ》に考《かんが》えていかなければならない問題《もんだい》なの。そのために英語《えいご》が必要《ひつよう》になるんだよ！

Q2 どうして英語《えいご》が世界《せかい》で一番使《いちばんつか》われているの？

でもなんで英語《えいご》なの？　別《べつ》の言葉《ことば》でもいいじゃん！

そう言《い》えば、中国語《ちゅうごくご》を話《はな》す人《ひと》の人口《じんこう》が一番多《いちばんおお》いって聞《き》いたような……。

たしかに母語《ぼご》（第一言語《だいいちげんご》）として中国語《ちゅうごくご》を話《はな》す人《ひと》は世界《せかい》で一番多《いちばんおお》いわ。でも、

母語《ぼご》以外《いがい》の言葉《ことば》（第二言語《だいにげんご》）も含《ふく》めると、**世界《せかい》で一番《いちばん》使《つか》われているのは圧倒的《あっとうてき》に英語《えいご》と言《い》える**のよ。

ほんとに？　じゃあ外国《がいこく》でも、みんな英語《えいご》を勉強《べんきょう》しているってこと？

もちろんすべての国《くに》ではないけれど、例《たと》えば日本《にほん》の近《ちか》くのアジアでも**小学校《しょうがっこう》から英語《えいご》を勉強《べんきょう》している国《くに》はとても多《おお》い**わ。

どんな国《くに》があるの？

おとなりの韓国《かんこく》は小学校《しょうがっこう》中学年《ちゅうがくねん》で週《しゅう》2日《か》、高学年《こうがくねん》で週《しゅう》3日《か》の授業《じゅぎょう》があるわ。

僕《ぼく》らは中学年《ちゅうがくねん》で週《しゅう》1回《かい》、高学年《こうがくねん》で週《しゅう》2回《かい》だから日本《にほん》よりも多《おお》いね。

地域《ちいき》によってちがいはあるけれど、マレーシアやインドネシアではだいたい週《しゅう》4回《かい》くらい。タイでは〝毎日《まいにち》〟英語《えいご》の授業《じゅぎょう》がある特別《とくべつ》なプログラムを受《う》けている子《こ》どももいるのよ！

え〜、そんなに！

めっちゃ勉強《べんきょう》してるじゃん！

Q3 なんでそんなに英語《えいご》を勉強《べんきょう》するの？

それにはちゃんと理由《りゆう》があるのよ。例《たと》えば、**タイの場合《ばあい》は「観光立国《かんこうりっこく》だから」というのがひとつの大《おお》きな理由《りゆう》**なの。

観光立国《かんこうりっこく》っていうことは、タイにとっては観光《かんこう》がとても重要《じゅうよう》な産業《さんぎょう》ってことですよね。

そう、グローバル化《か》の影響《えいきょう》で海外《かいがい》からたくさん来《く》る観光客《かんこうきゃく》の人《ひと》をもてなすために、**英語《えいご》を使《つか》えなくちゃいけない**の。

なるほど……。

だからある意味《いみ》、国《くに》をあげてみんなで英語《えいご》を勉強《べんきょう》しているんだね。

日本《にほん》もインバウンドが重要《じゅうよう》になっているから、**もっと英語《えいご》が必要《ひつよう》になるかもしれません**ね。

そうだね。それに**ビジネスの問題《もんだい》もあるか**もしれない。

ビジネスの問題《もんだい》？

例《たと》えば韓国《かんこく》の人口《じんこう》は約《やく》5000万人《まんにん》くらいなんだけど……。

日本《にほん》は約《やく》1億《おく》2000万人《まんにん》くらいだから……半分以下《はんぶんいか》だね。

タイでは観光《かんこう》が重要《じゅうよう》な産業《さんぎょう》になっている。

そう。それで例《たと》えば日本《にほん》と韓国《かんこく》で国内《こくない》向《む》けに同《おな》じ商品《しょうひん》を作《つく》ったとする。でも日本《にほん》と比《くら》べて韓国《かんこく》は人口《じんこう》が半分《はんぶん》だから、買《か》ってくれる人《ひと》も半分《はんぶん》になってしまうよね？

それが英語《えいご》とどう関係《かんけい》あるの？

同《おな》じようにもうけたかったら、**海外《かいがい》に売《う》る必《ひつ》要《よう》があるってこと？**

そのとおり！　だから、海外《かいがい》に売《う》り込《こ》むためにも英語《えいご》が必要《ひつよう》だし、そもそも**世界基準《せかいきじゅん》でビジネスを考《かんが》えなきゃいけない**。だから当然《とうぜん》、英語《えいご》は必要《ひつよう》になるよね。

韓流《はんりゅう》のアイドルもそうかも！

そういう側面《そくめん》もあるわね。だから日本《にほん》に比《くら》べ

韓流《はんりゅう》のアイドルが目指《めざ》すのは世界《せかい》！

て英語《えいご》への学習意欲《がくしゅういよく》が高《たか》いと言《い》われているのよ。

なるほど。それだけ英語《えいご》を必要《ひつよう》としているということですね。でも、これからはグローバル化《か》で**日本《にほん》でももっと英語《えいご》が必要《ひつよう》になる**んじゃない？

ええ。日本《にほん》でも少子化《しょうしか》が進《すす》んでいるからね。でも、それだけじゃないの。英語《えいご》ができたら、夢《ゆめ》がかなう可能性《かのうせい》が何倍《なんばい》にも増《ふ》えるかもしれないんだよ。

え？ どういうことですか？

Q4 英語《えいご》を勉強《べんきょう》したら、将来役《しょうらいやく》に立《た》つの？

ここで質問《しつもん》。ふたりの夢《ゆめ》はなにかな？

パティシエ！ おいしいケーキをたくさんの人《ひと》に届《とど》けたい！

オレは宇宙《うちゅう》の研究者《けんきゅうしゃ》！　いつか宇宙《うちゅう》に行《い》ってみたい！

すてきな夢《ゆめ》だね！　**その夢《ゆめ》をかなえるのにきっと英語《えいご》が役立《やくだ》つよ。**

ほんとに？　英語《えいご》ができれば夢《ゆめ》がかなうの？

もちろん英語《えいご》だけできればかなうわけじゃないけど、**英語《えいご》はその夢《ゆめ》に近《ちか》づくためのとても有効《ゆうこう》な手段《しゅだん》になる**のよ。

有効《ゆうこう》な手段《しゅだん》？

例《たと》えばハルカのパティシエという夢《ゆめ》。**日本《にほん》で得《え》られる情報《じょうほう》や修行《しゅぎょう》できるお店《みせ》には限《かぎ》りがある**よね。でももし、英語《えいご》で海外《かいがい》の人《ひと》とコミュニケーションを取《と》れるようになれば、海外《かいがい》のお店《みせ》で修行《しゅぎょう》したりできるかもしれない。

すごい！　わたしもニューヨークやいろいろな海外《かいがい》のお店《みせ》で修行《しゅぎょう》したい！

それに、ハルカの作《つく》ったお菓子《かし》をインターネットなどで世界中《せかいじゅう》に発信《はっしん》できるか

も。**英語《えいご》ができたら「日本《にほん》」＋「海外《かいがい》」で一気《いっき》に可能性《かのうせい》が広《ひろ》がるんだよ！**

でもオレには関係《かんけい》ないかな。星《ほし》や宇宙《うちゅう》は地球《ちきゅう》のどこからでも見《み》られるし。

ほんとうに？ すごく関係《かんけい》あると思《おも》うけど……。

どういうこと？

宇宙《うちゅう》っていったら最高峰《さいこうほう》の研究機関《けんきゅうきかん》であるアメリカ航空宇宙局《こうくううちゅうきょく》（NASA）じゃない？ アメリカにあるし、絶対《ぜったい》に英語《えいご》を使《つか》ってるよ！

それに**国際宇宙《こくさいうちゅう》ステーション**（ISS）でも、**英語《えいご》が公用語《こうようご》とされている**のよ。

そ、そうなの？

宇宙《うちゅう》については世界中《せかいじゅう》で研究《けんきゅう》されているから、**海外《かいがい》の情報《じょうほう》や論文《ろんぶん》が英語《えいご》で書《か》かれている**ことも多《おお》いの。逆《ぎゃく》に英語《えいご》を読《よ》めないと、最新《さいしん》の情報《じょうほう》が得《え》られないかもしれないよ。

まさかこんなに関係《かんけい》があるなんて……。

わたしの友人《ゆうじん》は**英語《えいご》のことを「仕事着《しごとぎ》」と例《たと》えていた**わ。それくらい重要性《じゅうようせい》が増《ま》していると思《おも》うの。

たしかに英語《えいご》ができれば、自分《じぶん》の将来《しょうらい》の可能性《かのうせい》が広《ひろ》がるね！

そう。グローバル化《か》した社会《しゃかい》では、英語《えいご》は世界《せかい》とつながって**夢《ゆめ》をかなえる最強《さいきょう》のツール**なんだよ！

たしかに英語《えいご》って大事《だいじ》かもしれない。

わたしたちの夢《ゆめ》も、英語《えいご》とこんなに関係《かんけい》があったんだね。

ふたりの夢《ゆめ》だけじゃないよ。地球儀《ちきゅうぎ》を思《おも》い浮《う》かべてみて？

思《おも》い浮《う》かべました！

その中《なか》に日本《にほん》があるよね。英語《えいご》ができないと、活躍《かつやく》できるのは日本《にほん》だけ。でも**英語《えいご》ができると、活躍《かつやく》できる場所《ばしょ》が一気《いっき》に世界全体《せかいぜんたい》に広《ひろ》がる**感《かん》じがしない？

たしかに、一気《いっき》に世界《せかい》が広《ひろ》がる気《き》がする。

ほんとだ！ こうなったらとにかく英語《えいご》を勉強《べんきょう》しないと！

でも、いくら英語《えいご》ができても、他《ほか》の勉強《べんきょう》もしないと宇宙《うちゅう》の研究者《けんきゅうしゃ》にはなれないんじゃない？

……そ、そうだよね……。

ええと……がんばってね（笑）。

エレン先生《せんせい》とめぐる世界遺産《せかいいさん》①

空中《くうちゅう》に浮《う》かぶ遺跡《いせき》・マチュピチュ

国《くに》 ペルー　不思議度《ふしぎど》! ★★★

まずは南米《なんべい》、ペルーにあるマチュピチュを紹介《しょうかい》するわね。マチュピチュは、アンデス山脈《さんみゃく》の一部《いちぶ》の山《やま》にそった尾根《おね》にある遺跡《いせき》で、その標高《ひょうこう》は2,400m以上《いじょう》もあるの。まさに空中《くうちゅう》に浮《う》かぶ遺跡《いせき》ね。今《いま》から約《やく》600年前《ねんまえ》、古代《こだい》インカ帝国《ていこく》の時代《じだい》につくられたと言《い》われているけど、発見《はっけん》されたのはつい最近《さいきん》。1911年《ねん》にアメリカの考古学者《こうこがくしゃ》によって発見《はっけん》され、マチュピチュが世界中《せかいじゅう》の注目《ちゅうもく》を集《あつ》めることになったの。

マチュピチュの魅力《みりょく》はなんといっても、その美《うつく》しさ！ 緑《みどり》豊《ゆた》かな森《もり》に囲《かこ》まれ、特《とく》に雲海《うんかい》や太陽《たいよう》の光《ひかり》が差《さ》し込《こ》む様子《ようす》は、とってもきれいなの。遺跡《いせき》の建造物《けんぞうぶつ》も独特《どくとく》のデザインが魅力的《みりょくてき》で、古代《こだい》インカ文明《ぶんめい》の技術力《ぎじゅつりょく》や美意識《びいしき》を感《かん》じられるわ。

どんな人《ひと》たちが住《す》んでいたんだろう？

2章《しょう》

なぜ大人《おとな》でも英語《えいご》を話《はな》せないの？

NEW HORIZON ENGLISH CLUB
英語《えいご》がこれからの社会《しゃかい》を生《い》きていくためにいかに大切《たいせつ》か 自分《じぶん》の将来《しょうらい》に影響《えいきょう》を与《あた》えるか、ということはよくわかった
よかったわ だから、あたしも英語《えいご》を学習《がくしゅう》する楽《たの》しさを伝《つた》えていきたいと思《おも》っているの
わたしも早《はや》く世界《せかい》で活躍《かつやく》したい！
でも ちょっと待《ま》って
同《おな》じように勉強《べんきょう》してきた大人《おとな》って、そこまで英語《えいご》を話《はな》せないよね
大人
パパもママも「英語《えいご》は大切《たいせつ》だから勉強《べんきょう》しなさい！」っていう割《わり》に、しゃべった場面《ばめん》を見《み》たことがない

それに、電車《でんしゃ》の中《なか》で困《こま》っている外国《がいこく》から来《き》た観光客《かんこうきゃく》を見《み》て見《み》ぬふり…

お父《とう》さんは今《いま》、勉強《べんきょう》をしてるみたいだけど…でもみんな英語《えいご》を勉強《べんきょう》してきたんだよね…？

そうだね
じゃあそれはご両親《りょうしん》に直接《ちょくせつ》聞《き》いてみたら？

それが今日《きょう》の宿題《しゅくだい》！

来週《らいしゅう》、同《おな》じ時間《じかん》でここに！

う、うん
ぽかん

翌週《よくしゅう》
どうだった?
大学受験《だいがくじゅけん》などで文法《ぶんぽう》などは一通《ひととお》り勉強《べんきょう》した…
海外旅行《かいがいりょこう》にも行《い》って英語《えいご》で会話《かいわ》したときは気持《きも》ちが通《つう》じあえたみたいでうれしかった…
でも、それ以外《いがい》はあまり使《つか》う機会《きかい》がなかっただから、そのまま忘《わす》れて自信《じしん》がなくなっちゃった…
英語
だからわたしたちのようにならないでって
英語
ママなんて「今《いま》さら英語《えいご》の勉強《べんきょう》はじめて!」って、パパをディスりはじめちゃった…

なるほど
でも、これだけは言《い》えるわ
学校《がっこう》の勉強《べんきょう》って絶対《ぜったい》にムダにならない
教科書《きょうかしょ》だって専門家《せんもんか》の知恵《ちえ》を結集《けっしゅう》して作《つく》っているものなのよ
英語
じゃあ、なんでみんな英語《えいご》を話《はな》せないの？
外国語《がいこくご》を学習《がくしゅう》するって、簡単《かんたん》なことじゃないの
そのことについて説明《せつめい》していくね

Q5 なんで大人《おとな》でも英語《えいご》を話《はな》せないの？

英語《えいご》の大切《たいせつ》さはわかった。でも、教科書《きょうかしょ》などを使《つか》ってたくさん勉強《べんきょう》しても、英語《えいご》ってほんとうにできるようになるの？

どうしてそう思《おも》うのかしら？

オレのまわりで「英語《えいご》を話《はな》せる」のは英語《えいご》の先生《せんせい》だけで、お父《とう》さんもお母《かあ》さんもほとんど話《はな》せないよ。学生時代《がくせいじだい》、たくさん勉強《べんきょう》しているはずなのに。ちなみに、お父《とう》さんは今《いま》、猛勉強中《もうべんきょうちゅう》なんだけど……。

ケイゴのお父《とう》さん、エライ！

ほんとうね。でもなんでお父《とう》さんは今《いま》、英語《えいご》を勉強《べんきょう》しているの？

海外《かいがい》のお客《きゃく》さんとやり取《と》りしなくちゃいけなくなったらしい。「大変《たいへん》だ〜、大《たい》

変《へん》だ〜」って、いつもぼやきながら英語《えいご》の本《ほん》を開《ひら》いてる。電車《でんしゃ》の中《なか》でもずっと、らしい。

「取引先《とりひきさき》の海外《かいがい》のお客《きゃく》さんとやり取《と》りする」って、あ、それもグローバル化《か》！

なるほど！　そういうことか！

ふたりとも、すごいわ。そして、**英語《えいご》を身《み》につけるためには「学《まな》ぶ動機《どうき》」がとっても大切《たいせつ》**なの。お父《とう》さんの「仕事《しごと》で必要《ひつよう》だから」というのも立派《りっぱ》な動機《どうき》だし、ケイゴの「宇宙《うちゅう》の研究者《けんきゅうしゃ》になりたい」という夢《ゆめ》もとてもすてきな理由《りゆう》だわ。

わたしもパティシエの夢《ゆめ》のために、英語《えいご》をがんばるもん！

そうやって**学《まな》ぼうとする気持《きも》ちを持《も》っていれば**、**絶対《ぜったい》に英語《えいご》ができるようになるわ**。だから、ケイゴのお父《とう》さんも大変《たいへん》だと思《おも》うけど、励《はげ》ましてあげてね。

はい！　くれるお小遣《こづか》い次第《しだい》で、ちょっとは応援《おうえん》したいと思《おも》います！

もう、しょうがないわね（笑）。

Q6 「言葉《ことば》の距離《きょり》」ってなに?

ところでケイゴが言《い》うように、わたしのまわりでも**「英語《えいご》を話《はな》せる!」っていう人《ひと》はほんとうに少《すく》ないです**。今《いま》の大人《おとな》だって中学校《ちゅうがっこう》からずっと勉強《べんきょう》していたはず。なぜなんでしょう?

たしかに、日本人《にほんじん》の中《なか》で「英語《えいご》ができる!」って自信《じしん》を持《も》って言《い》っている人《ひと》はあまり見《み》かけたことがないわね。あたしは大《おお》きく分《わ》けて2つの理由《りゆう》があると思《おも》っているの。

2つの理由《りゆう》……教《おし》えてください!

ひとつめの理由《りゆう》は**「言語間距離《げんごかんきょり》」**。これは簡単《かんたん》に言《い》うと、**「言葉《ことば》と言葉《ことば》がどれくらい似《に》ているのか、似《に》ていないのか」**ということなんだけど。

う〜ん、よくわからないです。

例《たと》えば、**日本語《にほんご》と韓国語《かんこくご》は共通点《きょうつうてん》が多《おお》い言語《げんご》と言《い》われているのよ**。言葉《ことば》の並《なら》べ方《かた》（語順《ごじゅん》）や、単語《たんご》の発音《はつおん》も似《に》ているものがとても多《おお》いの。だから日本語《にほんご》と韓《かん》国語《こくご》では、「かばん」「家族《かぞく》」「野球《やきゅう》」などは意味《いみ》も発音《はつおん》もほとんど同《おな》じなの。すごいでしょ。

さすが、おとなりの国《くに》！

だから、日本語《にほんご》と韓国語《かんこくご》の言語間距離《げんごかんきょり》は「近《ちか》い」ということになるでしょ。日《に》本語《ほんご》と韓国語《かんこくご》はとても似《に》ていて学《まな》びやすい言語《げんご》なの。

Q7 英語《えいご》は「近《ちか》い言葉《ことば》」？「遠《とお》い言葉《ことば》」？

なるほど。じゃあ、英語《えいご》はどうなんですか？日本語《にほんご》とは遠《とお》そうな感《かん》じがしますけど。

当然《とうぜん》、気《き》になるわよね。英語《えいご》は「**インド・ヨーロッパ語族《ごぞく》**」と呼《よ》ばれているグループに入《はい》るの。その名《な》のとおり、インドからヨーロッパにかけて分布《ぶんぷ》する言葉《ことば》の仲間《なかま》なの。

「言葉《ことば》の仲間《なかま》」ですか。

英語《えいご》はアメリカでも使《つか》われているけど、元々《もともと》はイギリスの言葉《ことば》だから、当然《とうぜん》と言《い》えば当然《とうぜん》よね。英語《えいご》以外《いがい》には、フランス語《ご》やスペイン語《ご》、ドイツ語《ご》などがそれにあたるわ。

みんな日本《にほん》とは遠《とお》く離《はな》れた国《くに》ばかりだな。ということは、やはり言語間距離《げんごかんきょり》は遠《とお》いんですか？

言葉《ことば》の距離《きょり》

日本語《にほんご》と距離《きょり》が近《ちか》い言葉《ことば》	日本語《にほんご》と距離《きょり》が遠《とお》い言葉《ことば》
韓国語《かんこくご》	英語《えいご》
中国語《ちゅうごくご》	フランス語《ご》
アイヌ語《ご》	ロシア語《ご》
モンゴル語《ご》	アラビア語《ご》
トルコ語《ご》	ヒンディー語《ご》

そのとおり。だから、日本語《にほんご》と英語《えいご》は語順《ごじゅん》や単語《たんご》も大《おお》きく異《こと》なっているの。だから、勉強《べんきょう》するのが大変《たいへん》というわけ。あたしが考《かんが》える**日本人《にほんじん》にとって英語《えいご》が難《むずか》しい第一《だいいち》の理由《りゆう》は「言葉《ことば》の距離《きょり》が遠《とお》いから」**。

なるほど〜。だから日本人《にほんじん》にとって、英語《えいご》は難《むずか》しいんだ〜。

でも、それって、それらの国《くに》の人《ひと》にとっての日本語《にほんご》も「遠《とお》い言葉《ことば》」になるってことですよね？

もちろん！ もうふたりとも、あたしがどれだけ苦労《くろう》して日本語《にほんご》を勉強《べんきょう》しているか、わかってますか（笑）。だから上手《じょうず》に日本語《にほんご》を話《はな》している人《ひと》がいたら、心《こころ》からほめてあげてね。彼《かれ》らはほんとうに一生懸命《いっしょうけんめい》、日本語《にほんご》を勉強《べんきょう》した人《ひと》たちなんですから。

たしかに、言《い》われてみればそうですよね。

わかりました！

Q8 大人《おとな》になっても英語《えいご》が話《はな》せないもうひとつの理由《りゆう》は？

大人《おとな》になっても英語《えいご》が話《はな》せないもうひとつの理由《りゆう》を教《おし》えてください。

ではここでクイズを出《だ》すね。英語《えいご》をどのくらい勉強《べんきょう》したら、英語《えいご》で自分《じぶん》の思《おも》いや考《かんが》えを表現《ひょうげん》できるようになるんだろう？

う〜ん。よくわかんない。それぞれ人《ひと》によってもちがうと思《おも》うし……。

そうだよね。その人《ひと》が**どんなタイプの学習者《がくしゅうしゃ》か、どんな状況《じょうきょう》や思《おも》いで勉強《べんきょう》しているのかによってかわってくる**よね。でも専門家《せんもんか》たちは「自分《じぶん》の思《おも》いや意見《いけん》をしっかり言《い》えるレベル」には、母語《ぼご》がどんな言葉《ことば》であれ、小学校《しょうがっこう》からはじめてだいたい1000時間《じかん》かかると言《い》っているわ。

1000時間《じかん》……よくわからない。

小学校《しょうがっこう》では英語《えいご》をどのくらい勉強《べんきょう》するんですか?

公立小学校《こうりつしょうがっこう》では、3年生《ねんせい》から6年生《ねんせい》までの授業《じゅぎょう》で160時間《じかん》くらい。それに加《くわ》えて、学校《がっこう》ごとにちがいはあるけれど、**中学校《ちゅうがっこう》から高校《こうこう》を卒業《そつぎょう》するまでに多《おお》くて950時間《じかん》ぐらい**と言《い》われているわ。あとは大学《だいがく》で英語《えいご》を専門的《せんもんてき》に学《まな》ぶか、学《まな》ばないかで変《か》わってくるわね。

授業時間《じゅぎょうじかん》だけだと、なんとか高校《こうこう》を卒業《そつぎょう》するぐらいには話《はな》せるようになるのかな?

え〜っ? そうなのかなぁ。それならみんな英語《えいご》が上手《じょうず》なはずじゃない?

Q9 日本人《にほんじん》の英語《えいご》の勉強時間《べんきょうじかん》は足《た》りている?

これだけ聞《き》くと勉強時間《べんきょうじかん》は足《た》りていそうだよね。でも、ちょっとここで「言葉《ことば》の距離《きょり》」を思《おも》い出《だ》してみて。例《たと》えば英語《えいご》とフランス語《ご》は言葉《ことば》の距離《きょり》は近《ちか》かっ

た？ 遠《とお》かった？

同《おな》じインド・ヨーロッパ語族《ごぞく》だから「近《ちか》い言葉《ことば》」でした。

そのとおり！ 言葉《ことば》の距離《きょり》が近《ちか》いフランス語《ご》については、英語《えいご》を話《はな》すために必《ひつ》要《よう》なのは700時間《じかん》などと言《い》われているわ。 1000時間《じかん》より少《すく》ないね。 一方《いっぽう》、日本語《にほんご》を話《はな》す人《ひと》が英語《えいご》を話《はな》せるようになるには2200時間《じかん》かかるとも言《い》われているのよ。

そんなにかかるの！

そう思《おも》うよね。 でも、 あたしは正直《しょうじき》、 **日本人《にほんじん》が英語《えいご》をできるようになるためには3000時間《じかん》ぐらいの勉強《べんきょう》は必要《ひつよう》じゃないか**と思《おも》っているの。

小学校《しょうがっこう》から高校《こうこう》の英語《えいご》の授業《じゅぎょう》の3倍《ばい》ってこと！

だから、 **日本人《にほんじん》があまり英語《えいご》ができないと思《おも》うのは、「勉強時間《べんきょうじかん》が足《た》りていないから」**という理由《りゆう》もあるんじゃないかな？

「ずっと勉強《べんきょう》しているのに！」って大人《おとな》は言《い》っていたけど、逆《ぎゃく》だったんだ。勉《べん》強時間《きょうじかん》が足《た》りていなかったんだ！

はぁ。やっぱり地道《じみち》に勉強《べんきょう》しなくちゃいけないんですね。

でも、オレは将来《しょうらい》、宇宙《うちゅう》の研究《けんきゅう》をしたいから、5000時間《じかん》でも、1万時間《まんじかん》でもいい。英語《えいご》の勉強《べんきょう》をがんばりたい！

その調子《ちょうし》、その調子《ちょうし》。英語《えいご》を身《み》につけるために、たくさん勉強《べんきょう》が必要《ひつよう》なことはわかったでしょう？ **英語《えいご》を身《み》につけるのはとっても大変《たいへん》なこと**なの。

た、たしかに。

だからこそ、さっき言《い》ったように**「学《まな》ぶ動機《どうき》」がとっても大切《たいせつ》になるの**。それがなかったら、途中《とちゅう》でくじけちゃうかもしれないでしょ？

Q10 「帰国児童生徒《きこくじどうせいと》」はみんな英語《えいご》ができる？

そう考《かんが》えると、帰国児童生徒《きこくじどうせいと》が英語《えいご》をできる理由《りゆう》もわかるよね。だって、日常《にちじょう》のたくさんの時間《じかん》の中《なか》で、たくさんの英語《えいご》にふれることになるでしょ。

キコクジドウセイト？

親《おや》の海外勤務《かいがいきんむ》などで1年以上《ねんいじょう》海外《かいがい》に滞在《たいざい》して帰国《きこく》した、小学校《しょうがっこう》から高校《こうこう》までの子《こ》どものことだよ。

たしかに、子《こ》どものとき海外《かいがい》にいた人《ひと》は、発音《はつおん》もきれいだし、みんな「英語《えいご》ができる！」ってイメージがある。

う～ん、でも**「すべての人《ひと》が英語《えいご》ができるようになっている」**というわけでもないようなのよ。

え〜、そうなんですか!

たしかに帰国児童生徒《きこくじどうせいと》が生活《せいかつ》の中《なか》で英語《えいご》のコミュニケーションができるようになるのは事実《じじつ》よ。でも、どんなに長《なが》く住《す》んでいたとしても、**小学校《しょうがっこう》1〜2年生《ねんせい》までに日本《にほん》に戻《もど》ってその後《あと》、英語《えいご》を保持《ほじ》するために勉強《べんきょう》しなかったら、英語《えいご》をほとんど忘《わす》れてしまう**のよね。

Q11 「英語《えいご》ができる」ってどういうこと?

え〜!? じゃあ、何歳《なんさい》まで住《す》んでいたらいいの?

う〜ん、かんたんには答《こた》えられないわ。じゃあ、反対《はんたい》にここで質問《しつもん》。「英語《えいご》ができる」って言《い》ったときに、あなたたちはどんなことを思《おも》い浮《う》かべる?

街中《まちなか》で外国《がいこく》から来《き》た観光客《かんこうきゃく》に声《こえ》をかけられて、ペラペラにこたえられる!

海外《かいがい》の人《ひと》とチャットでやり取《と》りする！

なるほど。実《じつ》は「英語《えいご》ができる」にも種類《しゅるい》があるの。それは**「聞《き》くこと」「読《よ》むこと」「話《はな》すこと」「書《か》くこと」で、「4技能《ぎのう》」と呼《よ》ばれているわ。**

知《し》らなかった……。「英語《えいご》ができる」にもいろいろあるんだ。でもそう考《かんが》えると、ケイゴの「ペラペラ」の例《れい》は、「話《はな》す技能《ぎのう》」ですか？

そのとおり！ 一方《いっぽう》でハルカの例《れい》は、普通《ふつう》は「書《か》く」だけど、チャットの場合《ばあい》は相手《あいて》に合《あ》わせて即興的《そっきょうてき》に反応《はんのう》するという技能《ぎのう》も必要《ひつよう》となるわね。

4技能《ぎのう》

聞《き》くこと	読《よ》むこと	話《はな》すこと	書《か》くこと
		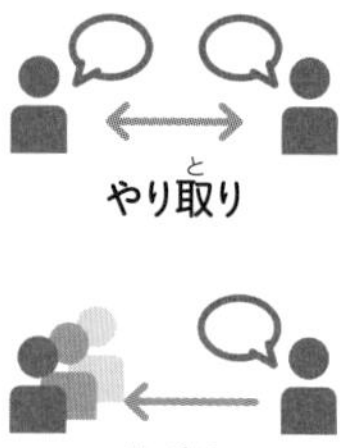	

話《はな》すことは、「やり取《と》り」と「発表《はっぴょう》」に分《わ》けられている。

どんな力《ちから》を伸《の》ばしたいのか、考《かんが》えたこともなかった。

さっきのハルカの質問《しつもん》に答《こた》えると、たしかに**「発音《はつおん》」は、早《はや》くからはじめるほうがメリットがあると**言《い》われているわ。これは「話《はな》す」の部分《ぶぶん》よね。

わたしの帰国児童生徒《きこくじどうせいと》の友達《ともだち》、とっても発音《はつおん》がきれいなの。いつもうらやましいと思《おも》ってるんです。

一方《いっぽう》で、**「読《よ》む」や「書《か》く」という技能《ぎのう》は、学《まな》ぶことに慣《な》れてきた小学校高学年《しょうがっこうこうがくねん》からはじめたほうがいい**と言《い》われているの。

それって今《いま》のわたしですね！

そうなの。だから国《くに》の英語教育《えいごきょういく》について方針《ほうしん》を決《き》める人《ひと》や、それに基《もと》づいて教科書《かしょ》を作《つく》っている人《ひと》たちは、みんなの発達《はったつ》の段階《だんかい》に応《おう》じて、学習内容《がくしゅうないよう》が身《み》につきやすいように内容《ないよう》を考《かんが》えているんだよ。

そうなんだ〜。知《し》らなかった！

Q12 教《きょう》科《か》書《しょ》はどんなところがすごいの？

もう少《すこ》し加《くわ》えるならば、英語《えいご》を身《み》につけるコツのひとつは、**「今《いま》の自分《じぶん》の能力《のうりょく》より、ちょっとだけ上《うえ》のレベルを学《まな》ぶこと」**。例《たと》えばあなたたちは、アメリカのものすごくしゃべるのが速《はや》いコメディ映画《えいが》を見《み》て、内容《ないよう》がわかるかしら。

もちろん、わかりません!!

もう、自信満々《じしんまんまん》に言《い》わないで（笑）。でも、学校《がっこう》の授業《じゅぎょう》で聞《き》く英語《えいご》はどうかしら？

話《はな》すスピードがゆっくりで、がんばれば、なんとなく話《はなし》の内容《ないよう》は聞《き》きとれている気《き》がします。映像《えいぞう》もヒントになるし……。

そうでしょ？ みんなが勉強《べんきょう》しやすいように、**ちょっとずつ難《むずか》しいことを勉強《べんきょう》していくようにできている。**それに人間《にんげん》は忘《わす》れちゃうから、くり返《かえ》し学《まな》べるよ

うにもできている。先《さき》ほど言《い》った「4技能《ぎのう》」もバランスよく学習《がくしゅう》できるようになっているの。

教科書《きょうかしょ》ってすごい！

みんなが学《まな》ぶ教科書《きょうかしょ》には、そのようなさまざまな細《こま》かい配慮《はいりょ》がなされているの。それこそ、みんながどんな登場人物《とうじょうじんぶつ》やキャラクターが出《で》てきたら、興味《きょうみ》を持《も》って勉強《べんきょう》してくれるか、ということも含《ふく》めてね（笑）。

なるほど～。そういう視点《してん》で教科書《きょうかしょ》を見《み》たことはなかったな。

だから、英語《えいご》っていろいろな学《まな》び方《かた》があるし、「教科書《きょうかしょ》だけ勉強《べんきょう》しても、英語《えいご》なんて話《はな》せない！」って言《い》っている人《ひと》もいると思《おも》う。でもまずは、**教科書《きょうかしょ》を中《ちゅう》心《しん》とした学校《がっこう》の勉強《べんきょう》を信《しん》じてほしい**の。

わかりました！

よ～し、がんばるぞ！　あ、あれ、でもオレ、教科書《きょうかしょ》を持《も》って帰《かえ》るの忘《わす》れた!?

エレン先生《せんせい》とめぐる世界遺産《せかいいさん》②

世界最大《せかいさいだい》のサンゴ礁《しょう》・グレート・バリア・リーフ

国《くに》 オーストラリア　きれい度《ど》! ★★★

次《つぎ》は南半球《みなみはんきゅう》、オーストラリアのグレート・バリア・リーフよ。オーストラリア大陸《たいりく》の北東《ほくとう》の海岸沿《かいがんぞ》いに2,300km以上《いじょう》にわたって広《ひろ》がるサンゴ礁地帯《しょうちたい》で、その広《ひろ》さはなんと日本列島《にほんれっとう》とほぼ同《おな》じ！ 200万《まん》年前《ねんまえ》から石灰岩《せっかいがん》が堆積《たいせき》していって、その上《うえ》にサンゴが生息《せいそく》しはじめた結果《けっか》、今《いま》の巨大《きょだい》なサンゴ礁《しょう》になったんですって。

グレート・バリア・リーフには1,500種以上《しゅいじょう》の魚類《ぎょるい》と200種以上《しゅいじょう》の鳥類《ちょうるい》が生息《せいそく》していて、その中《なか》には絶滅危惧種《ぜつめつきぐしゅ》に指定《してい》されているウミガメやジュゴンなども。シュノーケリングでカラフルなサンゴ礁《しょう》や魚《さかな》と出会《であ》ったり、ウミガメの産卵《さんらん》を見《み》たりすることもできるわ。そのような手《て》つかずの自然《しぜん》にあふれる、生《い》き物好《ものず》きにはたまらない世界遺産《せかいいさん》のひとつなの。

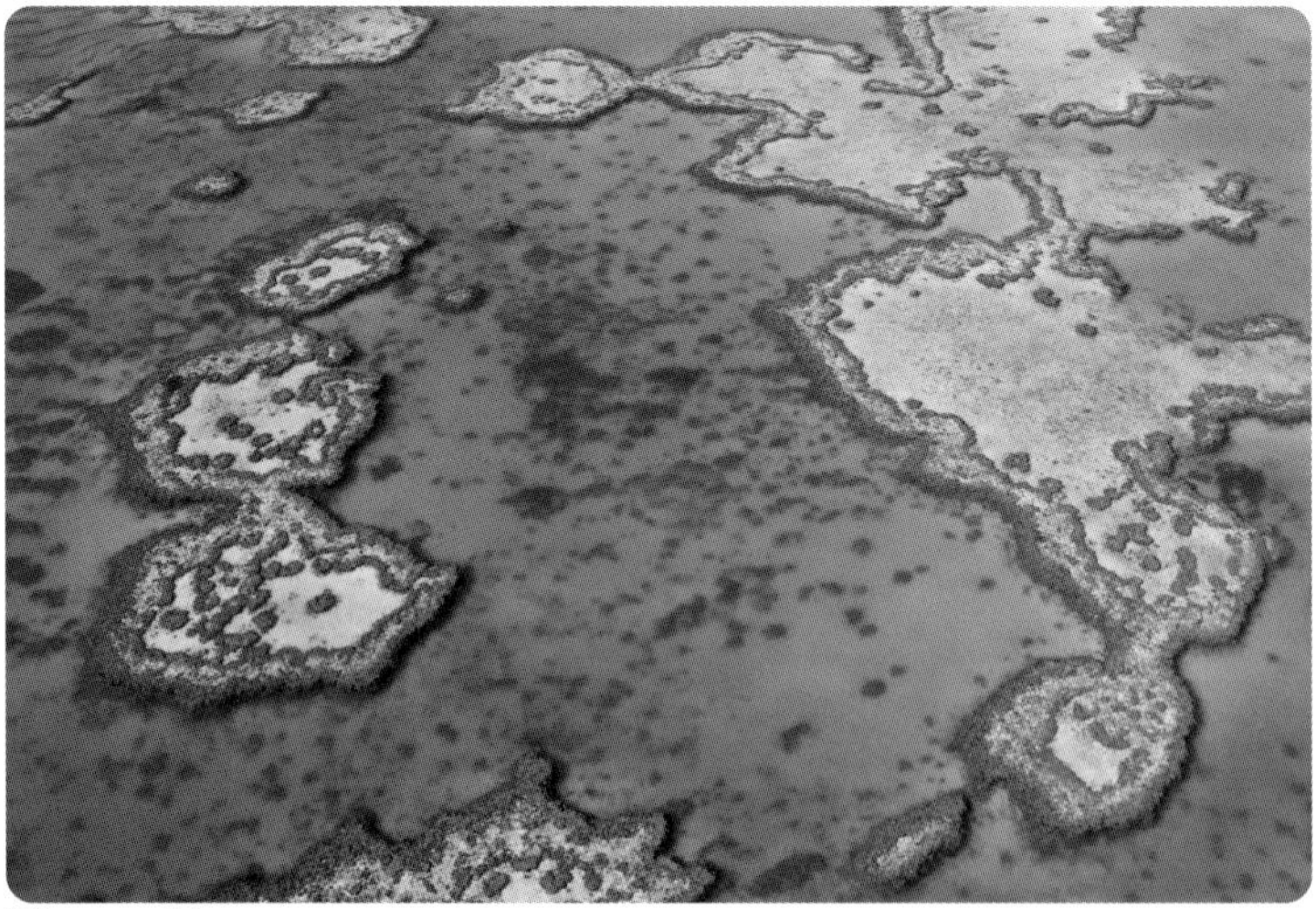

魚《さかな》たちと泳《およ》げたらステキよね。

3章《しょう》

かっこよく英語《えいご》を話《はな》したい！

ちょっと上《うえ》のレベルかぁ
自分《じぶん》が今《いま》できる範囲《はんい》で少《すこ》しずつ勉強《べんきょう》すればいいんだね…
ちらっ
でも…どうせなら…
ペラ〜〜!
ペラ
ペラ
ペラ
かっこよくしゃべりた――い!!

ってことで、先生《せんせい》！
なんかコツとか
ないんですか
もう！
英語《えいご》は少《すこ》しずつ
成長《せいちょう》していくものって
言《い》われたばっかりでしょ！
そりゃそうか…
コツがあれば
苦労《くろう》しないよな
は〜…
コツ
ありますよ！
ほらね…
って
え？
ほんとに！
教《おし》えて教《おし》えて！

ポイントは
たった3つ
1
Rhythm
2
Intonation
3
Accent
リズム
イントネーション
アクセントです！
たった3つ！
それならできるかも！
リ、リズム？
いいリズムだけど
ちょっとちがうかな…
ジャカ♪
ジャカ
ジャ〜ン♫
英《えい》語《ご》のリズムの
ヒントは…

〝ラップ〟と
〝ロボット〟です!
ドーーン!!
ラップと?
ロボット?
うん うん
どういう意味《いみ》かわからないって顔《かお》してますね…
これが日本語《にほんご》と英語《えいご》のちがいを表《あらわ》しているんですよ…!

Q13 かっこよく英語《えいご》を発音《はつおん》するためには？

かっこよく英語《えいご》を発音《はつおん》するコツ、教《おし》えてください！

もちろん！**まずはイントネーションについて。日本語《にほんご》では抑揚《よくよう》と言《い》って、話《はな》すときの声《こえ》の高低《こうてい》、つまり文章全体《ぶんしょうぜんたい》の調子《ちょうし》の上《あ》げ下《さ》げのことを示《しめ》しているわ。**例《たと》えば、Do you like soccer? とたずねるとき、最後《さいご》を上《あ》がり調子《ちょうし》にするの。

それ、授業《じゅぎょう》で習《なら》いました！

日本語《にほんご》でも、なにかをきくときは語尾《ごび》を上《あ》げますよね。

そうね。**2つめのコツはアクセント。単語《たんご》の音《おん》の強弱《きょうじゃく》のことね。**例《たと》えば、バナナ（banana）は英語《えいご》ではどのように発音《はつおん》する？

「バナ～ナ」ですよね。

いいわね！「バナナ」という言葉《ことば》は、日本語《にほんご》ではそれぞれの音《おん》を同《おな》じように発《はっ》音《おん》するけれど、**英語《えいご》では真《ま》ん中《なか》の音《おん》を強《つよ》く発音《はつおん》する**わね。それもかっこよく話《はな》すコツよ。そして、**最後《さいご》のコツはリズム！**

ラップやロックでよくいうリズムと同《おな》じですか？

そのとおり。リズムによって音楽《おんがく》の性格《せいかく》が決《き》まるように、言語《げんご》にとってもすごく大事《だいじ》なの。わかりやすくいうと、**英語《えいご》は「ラップ」、日本語《にほんご》は「ロボット」のようなリズム**と言《い》えるかな。

英語《えいご》はなんとなくつながっている感《かん》じだけど、日本語《にほんご》は、音《おん》と音《おん》がとぎれとぎれ、みたいな？

そうそう。英語《えいご》は単語《たんご》と単語《たんご》の間《あいだ》をつないでしゃべるから、うねるような感《かん》じに聞《き》こえるけれど、日本語《にほんご》は一《ひと》つひとつを区切《くぎ》るから、ロボットがぎくしゃく動《うご》いている感《かん》じだね。

なるほど～。たしかにそうかもしれない。

Q14 英語《えいご》を話《はな》すときに最《もっと》も大切《たいせつ》なこととは？

この3つのコツを意識《いしき》しながら話《はな》すと、とてもかっこよく聞《き》こえるはずよ。でもね……実《じつ》はもっと大切《たいせつ》なことがあるの？

もっと大切《たいせつ》なこと？

それは、**あなた自身《じしん》が話《はな》しているときの気持《きも》ち、感情《かんじょう》よ。**日本語《にほんご》を話《はな》すときも、言葉《ことば》に自分《じぶん》の感情《かんじょう》を乗《の》せて、強調《きょうちょう》したいところを強《つよ》く言《い》うでしょう？

え？　どういうことですか？

例《たと》えば、「わたしは英語《えいご》の先生《せんせい》になりたい。あなたは？」ときかれた場合《ばあい》、ハルカはどの部分《ぶぶん》を強調《きょうちょう》する？

「わたしはパティシエになりたい」って、「パティシエ」の部分《ぶぶん》を強《つよ》く言《い》うと思《おも》

う。だってパティシエになりたいから！

そうよね。相手《あいて》になりたい職業《しょくぎょう》をたずねられたら、そこを強調《きょうちょう》して伝《つた》えたくなる。そのように、あなた自身《じしん》の感情《かんじょう》を英語《えいご》に乗《の》せると、より自然《しぜん》なかっこいい英語《えいご》になると思《おも》う。だから**恥《は》ずかしがらずに、あなたたちの感情《かんじょう》を乗《の》せて声《こえ》を出《だ》してほしい**な。聞《き》いているだけでは絶対《ぜったい》にうまくならないから。それにしっかり発音《はつおん》して、自分《じぶん》の英語《えいご》を自分《じぶん》で聞《き》くことも大切《たいせつ》なのよ。

恥《は》ずかしがらずに声《こえ》に出《だ》す。それはできると思《おも》う!!

Q15 英語《えいご》の文字《もじ》には名前《なまえ》と音《おん》の両方《りょうほう》がある？

かっこよく話《はな》すコツは今《いま》、話《はな》したとおりだけど、それだけでは不十分《ふじゅうぶん》なの。かっこよくても、伝《つた》わらなければ意味《いみ》がないわよね。だから一《ひと》つひとつの発音《はつおん》も大事《だいじ》なの。これからちょっと難《むずか》しいけれど、でも、**発音《はつおん》がよくなる英語《えいご》のルー**

ルを教《おし》えるね。文字《もじ》を使《つか》って説明《せつめい》するので、英語《えいご》を読《よ》むときにとても役立《やくだ》つわよ。

むむ、まだあるんですか……でも、準備《じゅんび》はＯＫです！

ありがとう。例《たと》えば「DOG」という単語《たんご》を、あなたたちはなんて読《よ》むかしら？

「ドッグ」じゃないですか？日本語《にほんご》では「イヌ」です。かんたん！

そうね。別《べつ》の読《よ》み方《かた》は考《かんが》えられない？スペルを言《い》うと、どうなるかな？

「ディー・オー・ジー」だよね。

そう！そのとおり。**実《じつ》は英語《えいご》の文字《もじ》**（アルファベット）には、**「音《おん》」**（ドッグ）**と「名前《なまえ》」**（ディー・オー・ジー）**という2種類《しゅるい》の読《よ》み方《かた》がある**の。さて、ここで質問《しつもん》。カタ仮名《かな》の「イヌ」の音《おん》と名前《なまえ》はなんでしょう？

ええと…名前《なまえ》は「イ」と「ヌ」だし、音《おん》も「イ」「ヌ」じゃないかなぁ。

よくできたわね！ そう、**英語《えいご》は文字《もじ》の音《おん》と名前《なまえ》のちがいがあるけれど、日本《にほん》語《ご》の仮名文字《かなもじ》は音《おん》と名前《なまえ》が同《おな》じ**なの。

そうなんだ～。意識《いしき》したことなかった。

だから英語《えいご》で話《はな》したり、読《よ》んだりするときは「ディー・オー・ジー」という名《な》前《まえ》ではなく、単語《たんご》を音《おん》で発音《はつおん》しなきゃいけない。だから「dog」も、話《はな》したり、読《よ》んだりするときは「ドッグ」という音《おん》を使《つか》うのよね。

なるほど～。でもわかりづらいですね。

くり返《かえ》しになるけど、日本語《にほんご》の仮名文字《かなもじ》は、音《おん》と名前《なまえ》が同《おな》じだけど、英語《えいご》の文《も》字《じ》は音《おん》と名前《なまえ》がちがうのでわかりづらいんだと思《おも》う。でも**英語《えいご》を話《はな》すときは、この「音《おん》」をうまく発音《はつおん》することが重要《じゅうよう》**なの。ではここから、文字《もじ》をあらわす音《おん》の単位《たんい》について考《かんが》えていくよ。

Q16 「音《おん》の単位《たんい》」ってなに？

日本語《にほんご》では「か」という文字《もじ》は「か」という音《おん》をあらわすよね。それでは音《おん》はいくつだろう？

ひとつ……だよね。

そうだね。では「カニ」は？

もちろんふたつ！

あたり！ じゃあ、それを今度《こんど》、ローマ字《じ》で書《か》くとどうなるかな。

そこ、なんかとても大事《だいじ》そうな予感《よかん》がします。

ローマ字《じ》はカタカナやひらがなと同《おな》じように「日本語《にほんご》」の書《か》き方《かた》のひとつ。その中《なか》に「ヘボン式《しき》」があるのは知《し》っている？

あ、知《し》ってる！　ヘボン式《しき》ローマ字《じ》は、江戸時代《えどじだい》の最後《さいご》、幕末《ばくまつ》にアメリカから日本《にほん》にやって来《き》た宣教師《せんきょうし》のジェームス・カーティス・ヘップバーン（James Curtis Hepburn・ヘボンさんと呼《よ》ばれていた）さんが作《つく》ったんですよね。

ケイゴ、よく知《し》ってるわね。日本《にほん》は鎖国《さこく》をしていたけれど、幕末《ばくまつ》に海外《かいがい》から多《おお》くの人《ひと》が来《き》たでしょ。そのときに**「英語《えいご》を話《はな》す人《ひと》」が、日本語《にほんご》に近《ちか》い音《おと》を再現《さいげん》するために、日本語《にほんご》にアルファベットの文字《もじ》をあてて作《つく》ったもの**なの。

あくまで「英語《えいご》を話《はな》す人《ひと》のため」ってことですね。

そう。例《たと》えば日本語《にほんご》の「か」には、「ka」という文字《もじ》をあてているけど、これは英語《えいご》を話《はな》す人《ひと》が「ka」という文字《もじ》をそのまま読《よ》めば、日本語《にほんご》の「か」に近《ちか》い音《おと》が出《だ》せるということを示《しめ》しているの。

なるほど～。

では、次《つぎ》のページのローマ字表《じひょう》を見《み》て、なにか気《き》づくことはない？

ローマ字《じ》表《ひょう》【ヘボン式《しき》】

	Aa ア	Ii イ	Uu ウ	Ee エ	Oo オ			
Kk	ka カ	ki キ	ku ク	ke ケ	ko コ	kya キャ	kyu キュ	kyo キョ
Ss	sa サ	shi シ	su ス	se セ	so ソ	sha シャ	shu シュ	sho ショ
Tt	ta タ	chi チ	tsu ツ	te テ	to ト	cha チャ	chu チュ	cho チョ
Nn	na ナ	ni ニ	nu ヌ	ne ネ	no ノ	nya ニャ	nyu ニュ	nyo ニョ
Hh	ha ハ	hi ヒ	fu フ	he ヘ	ho ホ	hya ヒャ	hyu ヒュ	hyo ヒョ
Mm	ma マ	mi ミ	mu ム	me メ	mo モ	mya ミャ	myu ミュ	myo ミョ
Yy	ya ヤ	—	yu ユ	—	yo ヨ			
Rr	ra ラ	ri リ	ru ル	re レ	ro ロ	rya リャ	ryu リュ	ryo リョ
Ww	wa ワ	—	—	—	—			
Nn	n ン							
Gg	ga ガ	gi ギ	gu グ	ge ゲ	go ゴ	gya ギャ	gyu ギュ	gyo ギョ
Zz	za ザ	ji ジ	zu ズ	ze ゼ	zo ゾ	ja ジャ	ju ジュ	jo ジョ
Dd	da ダ	ji ヂ	zu ヅ	de デ	do ド			
Bb	ba バ	bi ビ	bu ブ	be ベ	bo ボ	bya ビャ	byu ビュ	byo ビョ
Pp	pa パ	pi ピ	pu プ	pe ペ	po ポ	pya ピャ	pyu ピュ	pyo ピョ

・はねる音《おん》「ん」は「n」であらわしますが、p、b、m の前《まえ》ではm を使《つか》います。例《れい》：tempura（てんぷら）、tombo（トンボ）
・つまる音《おん》「っ」は、その次《つぎ》の文字《もじ》を重《かさ》ねてあらわします。例《れい》：Hokkaido（北海道《ほっかいどう》）、natto（納豆《なっとう》）

う〜ん。日本語《にほんご》は「か」で1文字《もじ》なのに、「ka」は2文字《もじ》ですね。

そのとおり。ちなみに、**日本語《にほんご》の音《おん》の基本《きほん》単位《たんい》はモーラ（拍《はく》）と呼《よ》ばれて音節《おんせつ》に近《ちか》い音《おん》の単位《たんい》**なの。

へー。なんだか難《むずか》しいけど、ちがっているのはわかります。

英語《えいご》は「音節《おんせつ》」よりも細《こま》かい**「音素《おんそ》」と呼《よ》ばれる音《おん》の単位《たんい》で区切《くぎ》るの。「音素《おんそ》」はこれ以上《いじょう》細《こま》かくすることのできないという音《おん》の単位《たんい》のことよ。**その音素《おんそ》に文《も》字《じ》を対応《たいおう》させているのよね。

そもそも、文字《もじ》に合《あ》わせる音《おと》の区切《くぎ》り方《かた》がちがうってことですね。

Q17 英語《えいご》のルールがわかるとできることは？

だから英語《えいご》を話《はな》す人《ひと》にとって、日本語《にほんご》の「か」という音《おん》（モーラ）は、音《おん》の最《さい》

小単位《しょうたんい》（音素《おんそ》）をあらわす「k」と「a」というふたつの文字《もじ》であらわすの。

たしかにローマ字表《じひょう》を見《み》ると……「ka」「ki」「ku」「ke」「ko」。カ行《ぎょう》にはすべて、kにaiueoがくっついてる。

ね、ほとんどの文字《もじ》はそうなっているでしょ。ちなみに今《いま》、ケイゴが言《い》った「aiueo」は、日本語《にほんご》で言《い》うとなにに当《あ》たるかな？

「母音《ぼいん》」ですか？

そのとおり！**日本語《にほんご》はすべての文字《もじ》の最後《さいご》に母音《ぼいん》があるけれど、英語《えいご》はそうじゃない。子音《しいん》だけで使《つか》われることが多《おお》い**の。例《たと》えば、「dog」のような英単語《えいたんご》は最後《さいご》が母音《ぼいん》じゃないでしょ。だからdogに母音《ぼいん》をつけて「ドッグぅ」と発音《はつおん》してしまうと、海外《かいがい》の人《ひと》にはわかりにくい……つまりかっこよい英語《えいご》にはならなくなってしまうの。

意識《いしき》しないと、そうなっちゃうってことですよね。

日本人《にほんじん》は日本語《にほんご》が母語《ぼご》だからある程度《ていど》しょうがないこと。でも**意識《いしき》しないと自《し》然《ぜん》に母音《ぼいん》が入《はい》ってしまい、海外《かいがい》の人《ひと》に伝《つた》わらない英語《えいご》に**なってしまうのよ。

でも先生《せんせい》、これまでの話《はなし》をまとめると、**英語《えいご》の音《おん》のルールがわかると、初《はじ》めて見《み》た単語《たんご》でも発音《はつおん》できる**ってことになりませんか？

たしかに、それができたらすごいかもしれない！

よく気《き》づいてくれたわね。だから、このような英語《えいご》の文字《もじ》と音《おん》のルールを学《まな》ぶことはとても重要《じゅうよう》で、かっこよく話《はな》すための秘訣《ひけつ》なの。**英語《えいご》の文字《もじ》と音《おん》のルールの教《おし》え方《かた》は「フォニックス（Phonics）」と呼《よ》ばれる**の。そのほかにも英《えい》語《ご》の音《おん》についてたくさん本《ほん》も出《で》ているから参考《さんこう》にしてみてね。

Q18 英語《えいご》には日本語《にほんご》にはない音《おと》がある？

……と、ここで、いきなりですが、いいニュースと悪《わる》いニュースを伝《つた》えたいと

思《おも》います！　どっちが先《さき》がいいかしら（笑）。

いいニュースはあとで聞《き》きたいです！

わかったわ。じゃあ、悪《わる》いニュースから。**英語《えいご》には日本語《にほんご》にはない音《おと》がたくさんあるの。**例《たと》えば、「r」と「l」は発音《はつおん》がちがうことで有名《ゆうめい》ね。みんなにはどちらも「ル」に聞《き》こえるかもしれないけど……。

それ聞《き》いたことある！　難《むずか》しい発音《はつおん》なんだよね。

諸説《しょせつ》あるけれど、**日本語《にほんご》の音《おと》は23種類《しゅるい》だけど、英語《えいご》にはなんと44種類《しゅるい》もの音《おと》があると言《い》われているの。**日本語《にほんご》にはない音《おと》がたくさん含《ふく》まれているから、英語《えいご》の音《おと》を聞《き》き分《わ》けるのは難《むずか》しいし、発音《はつおん》するのも大変《たいへん》ね。

2倍《ばい》くらいも音《おと》の種類《しゅるい》があるのね。おぼえるのが大変《たいへん》そう……。

オレも聞《き》いただけでザセツしそう……。先生《せんせい》、はやくいいニュースを教《おし》えてよ！

あわてないで。今《いま》から教《おし》えてあげるから（笑）。いいニュース……それは「カンペキ」を目指《めざ》さなくていいってこと！

Q19 英語《えいご》はカンペキに話《はな》せなくてもいい？

以前《いぜん》、グローバル化《か》によって、さまざまな国《くに》の人《ひと》と英語《えいご》でコミュニケーションをするようになっていると話《はな》したよね。それはアメリカやイギリスといった、英語《えいご》を母語《ぼご》とする国《くに》の人《ひと》だけかしら。

ちがうと思《おも》う。グローバル化《か》しているから、そうじゃないよね。

そうよね。母語《ぼご》以外《いがい》の人《ひと》も英語《えいご》でコミュニケーションをしているよね。じゃあ、例《たと》えばおとなりの韓国《かんこく》や中国《ちゅうごく》、あるいはインド、アフリカの人々《ひとびと》、中南米《ちゅうなんべい》の国々《くにぐに》の人《ひと》たちは、カンペキな英語《えいご》を話《はな》せると思《おも》う？

ううん……そこまでカンペキじゃないと思《おも》う。

ＩＴ（情報技術《じょうほうぎじゅつ》）企業《きぎょう》で働《はたら》くアメリカ人《じん》の友達《ともだち》に聞《き》いたんだけど、その人《ひと》の会社《かいしゃ》にはいろんな国《くに》から来《き》た人《ひと》が働《はたら》いているんだって。そしてその人《ひと》は、おしゃべり好《す》きの英語《えいご》が上手《じょうず》なインド人《じん》の同僚《どうりょう》よりも、あまり英語《えいご》が得意《とくい》じゃないけど、ゆっくり話《はな》すロシア人《じん》の同僚《どうりょう》の英語《えいご》のほうが、よくわかるって言《い》っていたの。

それはつまり、**英語《えいご》のうまい下手《へた》もあるけれど、伝《つた》わればいい**ってこと？

そのとおり。あたしは思《おも》うの。英語《えいご》は話《はな》せたほうがいいけど、カンペキである必要《ひつよう》なんてないって。それに、今《いま》の英語《えいご》の役割《やくわり》は、**母語《ぼご》が異《こと》なる人々《ひとびと》の中《なか》での共通語《きょうつうご》（リンガフランカ）だと考《かんが》える人《ひと》が多《おお》い**の。かんたんに言《い》うと**「英語《えいご》は通《つう》じればＯＫ！」**という考《かんが》え方《かた》ね。

伝《つた》わればいい！

なるほど、通《つう》じればOK。それいいね！

グローバル化《か》によって、お互《たが》い英語《えいご》を母語《ぼご》にしない人《ひと》どうしでコミュニケーションをとる機会《きかい》のほうが多《おお》いかもしれないですよね。

あたしもそう思《おも》う。逆《ぎゃく》にそういうときのほうが、お互《たが》いを尊重《そんちょう》して確認《かくにん》しあうように会話《かいわ》するから、誤解《ごかい》を招《まね》く機会《きかい》が少《すく》なくなるかもしれないね。

なるほど～。なんか想像《そうぞう》できる！

でしょ？だから、ネイティブのように英語《えいご》を話《はな》せることを目指《めざ》す人《ひと》がいてももちろんいい。でも、全員《ぜんいん》がそれを目指《めざ》す必要《ひつよう》はないと思《おも》うの。あなたたちも**「自分《じぶん》なりの、自分《じぶん》のための英語《えいご》」をさがしてほしい。**そうあたしは思《おも》っているのよ。

自分《じぶん》なりの、自分《じぶん》のための英語《えいご》か～。それこそなんかかっこいいね。

将来《しょうらい》、みんながそんな英語《えいご》を使《つか》う日《ひ》を楽《たの》しみにしているよ！

エレン先生《せんせい》とめぐる世界遺産《せかいいさん》③

謎《なぞ》めいた巨石《きょせき》が並《なら》ぶ・ストーンヘンジ

国《くに》 イギリス　謎度《なぞど》！ ★★★

ロンドンから西《にし》に向《む》かうと、平原《へいげん》にいきなりニョキニョキと立《た》つ巨石群《きょせきぐん》があらわれるの。それが中世《ちゅうせい》の世界七不思議《せかいななふしぎ》のひとつにもなっているストーンヘンジよ。高《たか》さが4～5m、重《おも》さが最大《さいだい》50トンもある巨石《きょせき》が円形《えんけい》に囲《かこ》われた土手《どて》の中《なか》に、なぜか外側《そとがわ》は円《えん》のように、内側《うちがわ》は馬《うま》の蹄《ひづめ》の形《かたち》のように並《なら》んでいるの。

古代《こだい》のケルト民族《みんぞく》がお祭《まつ》りなどを行《おこな》った場所《ばしょ》では？という説《せつ》、中《ちゅう》央部《おうぶ》の石《いし》が置《お》かれている方向《ほうこう》と夏至《げし》の日《ひ》の出《で》の方向《ほうこう》が重《かさ》なることから天文学的《てんもんがくてき》な意味《いみ》があるのでは？という説《せつ》、UFOの発着場《はっちゃくじょう》だったのでは？という説《せつ》まであって、いったいだれがなんのために建《た》てたのかなど、謎《なぞ》がいっぱい。この遺跡《いせき》がつくられた紀元前《きげんぜん》2500～2000年《ねん》に思《おも》いをはせながらパワーをいただく。そんなロマンチックな旅《たび》ができそうね。

謎《なぞ》がいっぱいの世界遺産《せかいいさん》ね。

4章《しょう》

生活《せいかつ》・文化《ぶんか》が英語《えいご》にも影響《えいきょう》!?

ミーン
ミーン
お、ハルカ!
はい! おみやげ!
おせんべい
米
サンキュー! どこ行《い》ってきたの?
にこにこ

おばあちゃんちで田《た》んぼアートを見《み》てきたんだ～
じゃん！
わぁ、すごい！rice field《たんぼ》が絵《え》になってますね
rice? ちがうよ

riceって お米《こめ》のことでしょ
それは稲《いね》 お米《こめ》はこっちだよ
rice
あら、英語《えいご》では 稲《いね》のことも riceって言《い》うのよ
え？ そうなの？
なんで 英語《えいご》には稲《いね》を表《あらわ》す 単語《たんご》がないんだろう？
？
いいところに 気《き》づいたね

それには文化《ぶんか》や歴史《れきし》がかかわっているんです！
文化《ぶんか》や歴史《れきし》？
とっても面白《おもしろ》そう！教《おし》えて！

Q20 rice は日本語《にほんご》でなんて言《い》うの？

お茶《ちゃ》わんによそって食《た》べる白《しろ》いごはんも、田《た》んぼで育《そだ》っている稲《いね》も英語《えいご》ではrice って言《い》うなんて！

英語《えいご》を話《はな》す人《ひと》に「rice は日本語《にほんご》でなんて言《い》うの？」ときかれたら、「ごはん」と「稲《いね》」のどちらで答《こた》えればいいのか悩《なや》んじゃうね。

言葉《ことば》は人間《にんげん》が使《つか》うものでしょう。だから**言葉《ことば》はそれを話《はな》す人《ひと》の生活《せいかつ》や文化《ぶんか》があらわれることになる**の。例《たと》えば中国語《ちゅうごくご》なら中国《ちゅうごく》の文化《ぶんか》が、スペイン語《ご》ならスペインの文化《ぶんか》が色濃《いろこ》く反映《はんえい》されることになる。

ということは、**英語《えいご》と日本語《にほんご》にも、それぞれの文化《ぶんか》のちがいが反映《はんえい》されている**ってことになりますよね。

そのとおり。とくに単語《たんご》には、そのような文化《ぶんか》のちがいがわかりやすくあらわ

れているの。先《さき》ほどのriceという言葉《ことば》について改《あらた》めて考《かんが》えてみましょう。日《に》本人《ほんじん》の主食《しゅしょく》はなんですか。

もちろんおコメ。オレはおコメが大好《だいす》き!

あたしもよ。でも、アメリカやイギリスでは日本人《にほんじん》ほどはおコメは食《た》べないから、それほど繊細《せんさい》な表現《ひょうげん》は必要《ひつよう》ないのかもしれない。

それでごはんも稲《いね》もまとめてriceになるんですね。

なるほど~。

日本《にほん》に来《き》て気《き》づいたのは雨《あめ》をあらわす言葉《ことば》が多《おお》いこと。梅雨《つゆ》、小雨《こさめ》、霧雨《きりさめ》、氷《ひ》雨《さめ》……。季節《きせつ》や雨足《あまあし》の強《つよ》さ、状況《じょうきょう》などで区別《くべつ》するようだけど、とても美《うつく》しい言《こと》葉《ば》よね。これも日本《にほん》が雨《あめ》の多《おお》い地域《ちいき》だからこそだと思《おも》うの。アメリカでもいくつかの雨《あめ》の表現《ひょうげん》はあるけれど、日本《にほん》ほどはないように感《かん》じるわ。

そういえば小学三年生《しょうがくさんねんせい》のときの外国語《がいこくご》の教材《きょうざい》で、**国《くに》によって虹《にじ》の色《いろ》の数《かず》がちが**

うと知《し》ってびっくりしたことがあった。「ずっと虹《にじ》は七色《なないろ》だ！」って思《おも》っていたから。

それぞれの国《くに》の人《ひと》にとって「色《いろ》が見《み》えない」のではなく、**「それくらい細《こま》かく言葉《ことば》を分《わ》ける必要《ひつよう》があるかないか」のちがいかもしれない**ね。

面白《おもしろ》いなぁ。もっと知《し》りたい！

英語《えいご》だけじゃなく、いろいろなことを知《し》ることができるような気《き》がする。

では、単語《たんご》にまつわる文化《ぶんか》のちがいについて考《かんが》えてみましょう！

Q21 「出世魚《しゅっせうお》」ってなに？

あなたたちが知《し》っている例《れい》は、ほかになにかあるかしら。

先生《せんせい》、日本《にほん》には成長《せいちょう》すると呼《よ》び名《な》が変《か》わる「出世魚《しゅっせうお》」っているよね。

出世魚《しゅっせうお》？　どんな言葉《ことば》なのかな。くわしく教《おし》えて！

お父《とう》さんと釣《つ》りに行《い》ったときに教《おし》えてもらったんだけど、出世魚《しゅっせうお》って、成長《せいちょう》の度《ど》合《あい》によって呼《よ》び方《かた》が変《か》わる魚《さかな》なんだ。例《たと》えば、ブリという魚《さかな》がいるでしょ？

ブリのお刺身《さしみ》、大好《だいす》き！

ブリは80センチ以上《いじょう》の最《もっと》も大《おお》きい成熟《せいじゅく》した状《じょう》態《たい》のこと。それまでにブリは、「ワカシ」「イナダ」「ワラサ」と、いくつも呼《よ》び方《かた》が変《か》わる。といってもこれは関東《かんとう》の話《はなし》で、地域《ちいき》によって

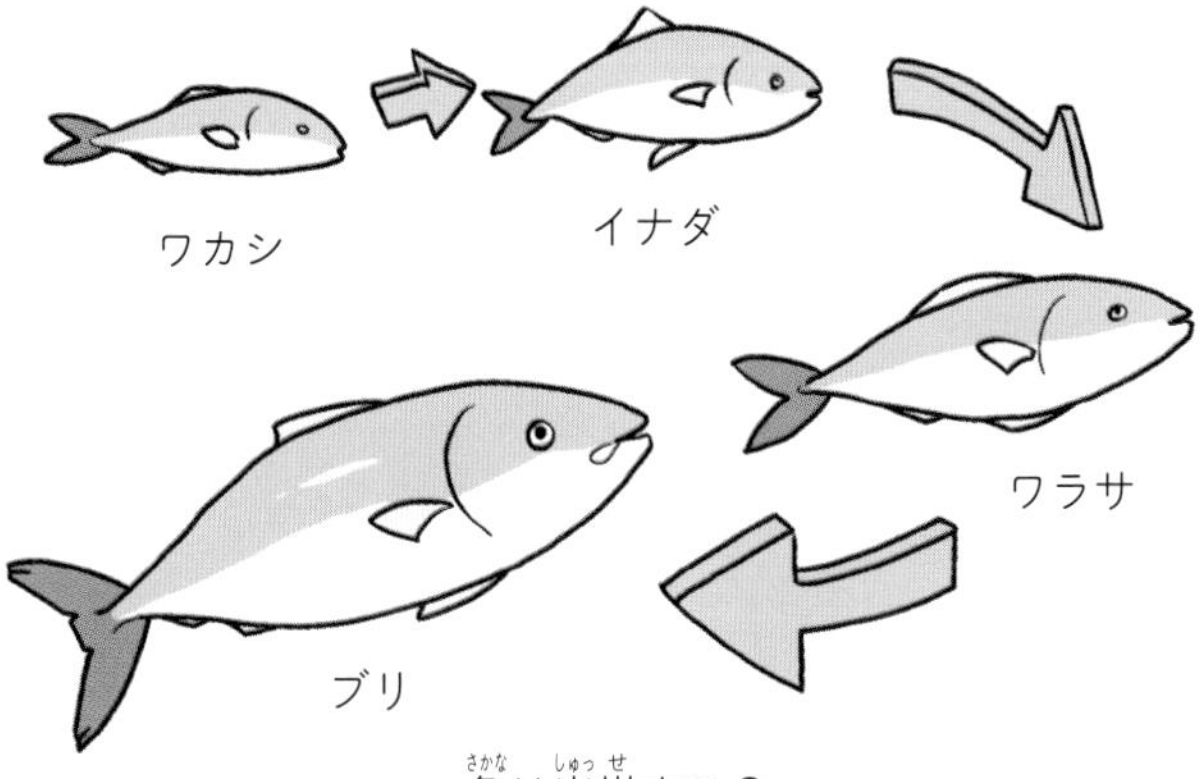

魚《さかな》は出世《しゅっせ》する？

「ハマチ」とか呼《よ》び方《かた》も変《か》わるし、もっと細《こま》かいちがいもあるらしい……。

魚《さかな》をたくさん食《た》べる日本人《にほんじん》らしいね。今度《こんど》、お寿司《すし》を食《た》べに行《い》ったときに、注《ちゅう》意《い》して注文《ちゅうもん》してみようかな。ハルカはなにか知《し》っている？

去年《きょねん》、北海道《ほっかいどう》に旅行《りょこう》して、アイヌ民族《みんぞく》の博物館《はくぶつかん》に行《い》ったの。そこでクマが「山《やま》の神様《かみさま》（カムイ）」と同《おな》じ意味《いみ》だと教《おそ》わったんだけど……。

アイヌは北海道《ほっかいどう》を中心《ちゅうしん》とした先住民族《せんじゅうみんぞく》で、独自《どくじ》の文化《ぶんか》を持《も》っているのよね。

そこで、アイヌ語《ご》には「クマ」をあらわす言葉《ことば》が80以上《いじょう》もあるって教《おし》えてもらいました。例《たと》えば「若《わか》いクマ」「寝《ね》そべったり、くつろいでいるクマ」とか……すごいですよね。

なるほど。それもアイヌの人々《ひとびと》にとっていかにクマが大切《たいせつ》な存在《そんざい》なのかをあらわしているわね。

日本語《にほんご》では基本的《きほんてき》には「クマ」だけだしね。すごい！

Q22 動物《どうぶつ》を3種類《しゅるい》に分《わ》けると？

あたしからも、動物《どうぶつ》に関連《かんれん》する単語《たんご》のちがいがよくあらわれている例《れい》を紹介《しょうかい》するね。例《たと》えば**北《きた》アメリカ南西部《なんせいぶ》のアメリカの先住民《せんじゅうみん》・アパッチは、足跡《あしあと》をあらわす言葉《ことば》をたくさん持《も》っている**そうなの。

足跡《あしあと》かぁ。ええと……。アパッチって狩猟民《しゅりょうみん》族《ぞく》なのかな。

そのとおり。もともとはバッファローなどを狩《か》る民族《みんぞく》だったの。だからバッファローを追《お》いかけるために、細《こま》かい足跡《あしあと》の表現《ひょうげん》が必要《ひつよう》だったのかもしれないね。

なるほど～。必要《ひつよう》だから、言葉《ことば》がそれだけ細《こま》かくなるんですね。

アメリカに生息《せいそく》するバッファロー。

ほかには、**アフリカ南部《なんぶ》に住《す》む狩猟採集民《しゅりょうさいしゅうみん》のサン人《じん》は、動物《どうぶつ》を3つの言葉《ことば》に分《わ》けるそうなの。**どのように呼《よ》んでいると思《おも》う？

草食系《そうしょくけい》、肉食系《にくしょくけい》、そのほかとかですか……。

大《おお》きい、小《ちい》さいとかじゃない？

残念《ざんねん》。なんと……食《た》べられる動物《どうぶつ》か、そうでないか、危険《きけん》か、という3種類《しゅるい》なのよ。

すごいシンプルだね！

サン人《じん》にとって、いかに食《た》べられる動物《どうぶつ》を獲《と》ることが重要《じゅうよう》だったか、ということがわかるわね。

そうか～。そう考《かんが》えると、そもそも稲作《いなさく》を中心《ちゅうしん》としている日本《にほん》とぜんぜんちがいますね。国《くに》によって、大切《たいせつ》なことのとらえ方《かた》がちがうということですね。

あたしたちは英語《えいご》を勉強《べんきょう》するとき、辞書《じしょ》の意味《いみ》をそのまま理解《りかい》しようとするけれど、こうしてみると、**異《こと》なる言語《げんご》の単語《たんご》は生活《せいかつ》や文化《ぶんか》のちがいもあって、けっして一対一《いちたいいち》で対応《たいおう》してはいない**ことがわかるでしょ。

一方《いっぽう》から見《み》るとざっくりしていたり、逆《ぎゃく》にこだわっていてあらわす範囲《はんい》がせまかったりしている。そのこだわりが、その国《くに》の生活《せいかつ》や文化《ぶんか》のあらわれだったりするんですね。

すべて理解《りかい》するのは難《むずか》しいけれど……それが面白《おもしろ》かったりするのかも。

そのことに気《き》づいてくれて、とてもうれしいわ！

Q23 「ネズミ」のイメージはうるさい？ 静《しず》か？

ちなみに同《おな》じ単語《たんご》でも、それぞれの国《くに》が持《も》っているイメージのちがいが面白《おもしろ》かったりするのよ。

イメージですか？

そう。例《たと》えば「ネズミ」と聞《き》いて、ハルカはどんなイメージを持《も》つかな？

ええと、ちょこちょこ動《うご》き回《まわ》って、うるさいイメージ？　絵本《えほん》などでは、天井《てんじょう》裏《うら》を走《はし》り回《まわ》っている感《かん》じがあるけれど……。

実《じつ》は英語《えいご》ではこのような言葉《ことば》があるの。**quiet as a mouse**。これは**「ネズミのように静《しず》か」**という意味《いみ》なの。

ネズミが静《しず》か!?

英語圏《えいごけん》では、ネズミはほとんど騒《さわ》がない「静《しず》かな動物《どうぶつ》」というイメージがあるの。

「借《か》りてきたネコ」っていうくらいだから、日本《にほん》では「静《しず》か」って言《い》ったらネコだよね!?

ネズミは静《しず》か？それともうるさい？

ネズミに「静《しず》か」というイメージはないよね。

じゃあ、次《つぎ》は野菜《やさい》の表現《ひょうげん》のクイズをしてみようかな。人《ひと》が冷静《れいせい》で落《お》ち着《つ》いている様子《ようす》をあらわす英語《えいご》の表現《ひょうげん》として使《つか》われる野菜《やさい》はなんだと思《おも》う？

え～なんだろう。レタスとか？

キャベツとか。

え～と、正解《せいかい》はキュウリでした。(as) cool as cucumberで、「キュウリのように冷静《れいせい》な」という表現《ひょうげん》が英語《えいご》にはあるのよ。

キュ、キュウリですか!?

英語《えいご》ではキュウリが「冷静《れいせい》さ」をあらわすんですね。

なんか不思議《ふしぎ》だな～。

Q24

ナスはなぜ「タマゴ」？

野《や》菜《さい》って聞《き》いて思《おも》い出《だ》したけど、eggplant（ナス）ってなんでegg（タマゴ）が入《はい》っているんですか。ぜんぜんタマゴって感《かん》じじゃないし……。

たしかに。ナスって紫色《むらさきいろ》だし、形《かたち》も太《ふと》くてちょっと長《なが》いようなイメージですけど。

なるほど。でも昔《むかし》、アメリカのナスは白《しろ》くて丸《まる》かったの。まるで、ニワトリのタマゴみたいに……いろいろな説《せつ》があるけれど、それがeggplantの由来《ゆらい》とも言《い》われているのよ。

今《いま》のナスと、「タマゴ植物《しょくぶつ》」のナス。

そうなの？ **白《しろ》くて丸《まる》いナスなんてぜんぜん想像《そうぞう》できない。**

だから「egg（タマゴ）plant（植物《しょくぶつ》）」なのかぁ。

今《いま》はアメリカのふつうのナスも、日本《にほん》のナスのように紫色《むらさきいろ》なんだけどね。このように単語《たんご》は、**あたしたちからは想像《そうぞう》もつかないことが影響《えいきょう》していたりするの。**例《たと》えば、**歴史的《れきしてき》なことが影響《えいきょう》している単語《たんご》もあるのよ。**

「歴史《れきし》」ですか……。

Q25 英語《えいご》ってもともとどんな言葉《ことば》？

英語《えいご》って、もともとはどこの国《くに》で使《つか》われていた言葉《ことば》だったっけ？

今《いま》のイギリスです！ それが15世紀《せいき》から17世紀《せいき》にかけてのヨーロッパ人《じん》による大航海時代《だいこうかいじだい》などを経《へ》て、今《いま》のアメリカなどでも使《つか》われるようになって、**世界《せかい》の**

「共通語《きょうつうご》」になったんですよね。

さすがね、ケイゴ。今《いま》のイギリスの国土《こくど》の中心《ちゅうしん》である昔《むかし》のブリテン島《とう》では、先《せん》住民《じゅうみん》が使《つか》っていたケルト語《ご》と、ローマ帝国《ていこく》の属国《ぞっこく》になった時期《じき》にローマ帝国《ていこく》で使《つか》われていたラテン語《ご》が話《はな》されていたの。

ケルト語《ご》とラテン語《ご》……まだ「英語《えいご》」じゃないんだ。

そのあともゲルマン語《ご》を話《はな》すゲルマン民族《みんぞく》が大移動《だいいどう》してきたり、「ノルマン侵攻《しんこう》」といわれる今《いま》のフランスに住《す》んでいた人《ひと》との戦争《せんそう》によってまたその言葉《ことば》の影響《えいきょう》を受《う》けたり……。

なんか、ぐじゃぐじゃだなあ。

ほんとうね。でも英語《えいご》にかぎらず、**言葉《ことば》というのはほかの言語《げんご》の影響《えいきょう》を受《う》けて変化《へんか》してい**

■英語《えいご》に影響《えいきょう》を与《あた》えた言語《げんご》

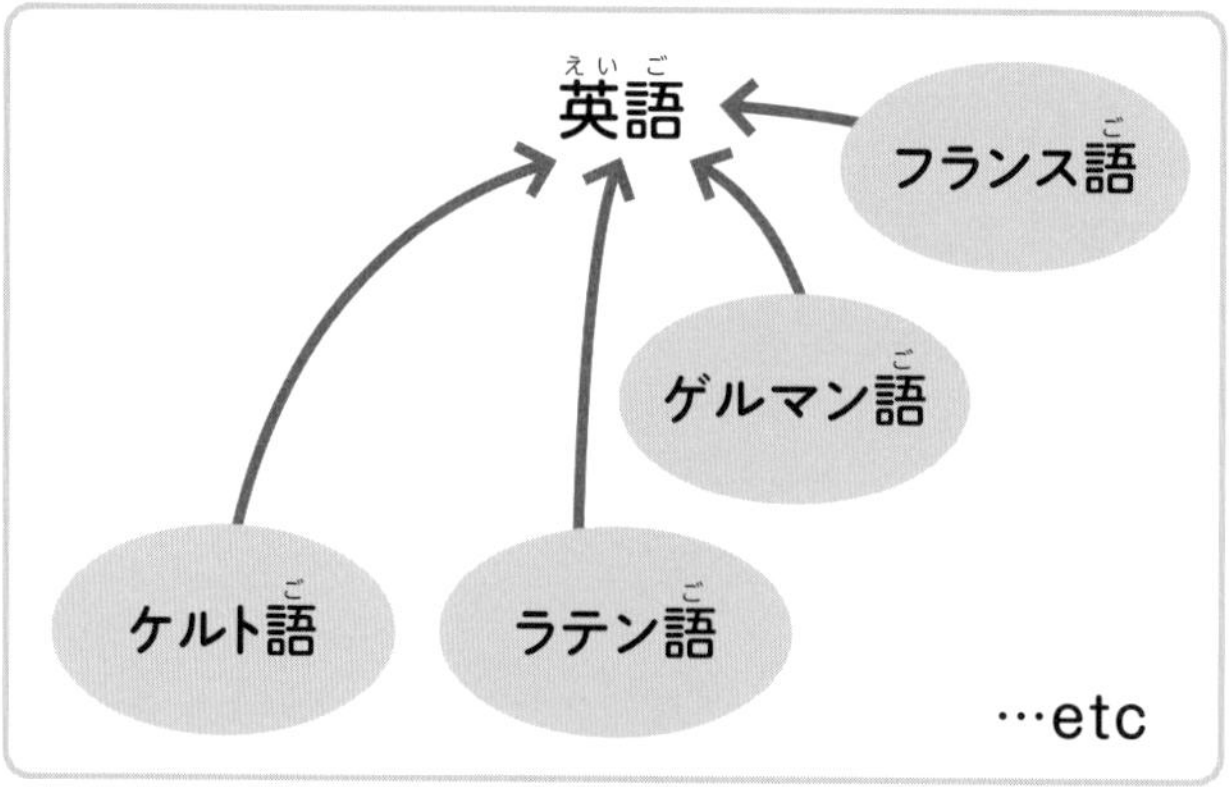

く側面《そくめん》があるのよね。

そういえば、日本《にほん》の漢字《かんじ》だって大陸《たいりく》から伝《つた》わってきたものだもんね。

今《いま》だったら、AIなんて言葉《ことば》もそうよね。**きっと短《みじか》い日本語《にほんご》でうまく表現《ひょうげん》できないからそのまま定着《ていちゃく》した**んだと思《おも》うわ。

言葉《ことば》は変化《へんか》していく……初《はじ》めて知《し》りました。なんか面白《おもしろ》い!

言《い》いかえれば「言葉《ことば》は生《い》きている」とも言《い》えるかもしれないね。

Q26 今《いま》も新《あたら》しい単語《たんご》ができている?

でも、英語《えいご》は今《いま》世界中《せかいじゅう》で使《つか》われている言葉《ことば》だよね。だからほかの言語《げんご》を話《はな》す人《ひと》とも交《まじ》わっているはず。そうしたら**英語《えいご》も同《おな》じように今《いま》、すごく変化《へんか》している**んじゃない?

そのとおり！ ほかの言語《げんご》との接触《せっしょく》がとても多《おお》くなっているから、新《あたら》しい言葉《ことば》もたくさん生《う》まれているの。単語《たんご》の数《かず》を正確《せいかく》に数《かぞ》えるのは難《むずか》しいけれど、それぞれの国《くに》でよく使《つか》われている辞書《じしょ》の単語《たんご》の数《かず》を比《くら》べてみると、ドイツ語《ご》は14万《まん》5千語《せんご》、フランス語《ご》は10万語《まんご》、日本語《にほんご》も数十万《すうじゅうまん》の単語《たんご》があるそうなの。それで**英語《えいご》はと言《い》うと……なんと60万語《まんご》もある**のよ。

なんか、すごい数《かず》ですね！

あたしの知《し》るかぎり、**世界《せかい》の言語《げんご》の中《なか》で最《もっと》も単語《たんご》が豊富《ほうふ》**なのよ。

じゃあ、日本語《にほんご》も英語《えいご》になっていたりするの？

例《たと》えば、kimonoやsumoのほか、samuraiやsushiなどはすっかり英語《えいご》になっているわ。これはさっきの逆《ぎゃく》の例《れい》で、それぞれの単語《たんご》があらわすニュアンスや感《かん》じ方《かた》がきっと、**「その国《くに》の言葉《ことば》をそのまま使《つか》う」**ことでしか表現《ひょうげん》できないんでしょう。

面白《おもしろ》～い。

「おたがいに影響《えいきょう》しあっている」っていうのもグローバル化《か》のひとつかもしれないね。

さて、ここまで単語《たんご》について考《かんが》えてきたけど、どうだった?

単語《たんご》だけをとっても、それぞれの国《くに》の生活《せいかつ》や文化《ぶんか》によってちがうことが面白《おもしろ》かった。

やっぱり言葉《ことば》って、その言葉《ことば》を話《はな》す人《ひと》たちによって変《か》わるんですね。

そうね。言葉《ことば》をおぼえることも大事《だいじ》だけど、**どうしてこんな言葉《ことば》になっているんだろう?**と考《かんが》えながら、ほかの国《くに》の言葉《ことば》に関心《かんしん》を持《も》ってみると、勉強《べんきょう》がもっと楽《たの》しくなるかもね!

英語《えいご》になった日本語《にほんご》。

エレン先生《せんせい》とめぐる世界遺産《せかいいさん》④

スケールの大《おお》きさは圧巻《あっかん》!
中国《ちゅうごく》・兵馬俑《へいばよう》

国《くに》 中国《ちゅうごく》　迫力度《はくりょくど》! ★★★

中国《ちゅうごく》の内陸部《ないりくぶ》にある西安《せいあん》から車《くるま》で1時間《じかん》ほどのところにある兵馬《へいば》俑抗《ようこう》は、兵士《へいし》や馬《うま》や戦車《せんしゃ》の陶器《とうき》でできた俑《よう》（人形《にんぎょう》）がたくさん並《なら》んでいる大迫力《だいはくりょく》の世界遺産《せかいいさん》です！

兵馬俑《へいばよう》をつくらせたのは、500年《ねん》も続《つづ》いた乱世《らんせい》を一代《いちだい》で統一《とういつ》した秦《しん》の始皇帝《しこうてい》。全体《ぜんたい》の広《ひろ》さは2万《まん》㎡以上《いじょう》もあるの。地下《ちか》5mの深《ふか》さの場所《ばしょ》にある一番広《いちばんひろ》い展示室《てんじしつ》には、兵士《へいし》の素焼《すや》きの人形《にんぎょう》がずらりと整《せい》列《れつ》。身長《しんちょう》180～190cmと等身大《とうしんだい》で、顔立《かおだ》ちも一体《いったい》ずつちがっていて、今《いま》にも動《うご》き出《だ》しそうなくらいリアルなの。全体《ぜんたい》では8,000体《たい》はあると言《い》われているのよ。

兵馬俑《へいばよう》は1974年《ねん》に地元《じもと》の農民《のうみん》が井戸《いど》を掘《ほ》っていて偶然見《ぐうぜんみ》つけるまで、2000年以上《ねんいじょう》ものあいだ土《つち》の中《なか》で眠《ねむ》っていたんですって。発《はっ》見《けん》から50年《ねん》経《た》った今《いま》でも発掘作業《はっくつさぎょう》が続《つづ》いているのよ。

こんな遺跡《いせき》が長《なが》いあいだうもれていたなんて！

秘密《ひみつ》のコツ
ワイワイ
ガヤ
International Party
お待《ま》たせ〜！
おっそーい！
今日《きょう》参加《さんか》してくれるみんなを紹介《しょうかい》しますね！
早紀《さき》
大地《だいち》
ルーカス
ソフィア

みんな私《わたし》のクラスメイトなんだよ！
彼《かれ》はケイゴ！
Hi, Keigo.
（こんにちは、ケイゴ）
Nice to meet you!
（はじめまして！）
Nice to……
…え、ええと…なんだっけ…？
?
おろ おろ
がんばれ ケイゴ！
ガヤ ガヤ

Are you in a soccer team?
(サッカークラブにいるの？)
Yes
…うん
Let’s play soccer together!
(一緒《いっしょ》にサッカーしようよ！)
ぱあっ
サッカー！
…あれ？
こういうときなんて
返《かえ》すんだっけ
オレの英語《えいご》ちゃんと
伝《つた》わるのかな？
えーとえーと…
パニック！

ぽつん…
ケイゴ
元気《げんき》ないけど
どうしたの？
今日《きょう》はハルカの
外国出身《がいこくしゅっしん》の友達《ともだち》に
たくさん話《はな》そうって
思《おも》ってたけど……
やはり発音《はつおん》とか
文法《ぶんぽう》とか気《き》に
なっちゃって……
ケイゴ！
大丈夫《だいじょうぶ》！
リンガ……
リンガフランカ
だよね…

伝《つた》わればいい…ってわかってはいるけど不安《ふあん》で……
しゅん…
じゃあそんなケイゴにあたしが秘密《ひみつ》のコツを教《おし》えてあげましょう!
秘密《ひみつ》のコツ?

それはね ジェスチャー
I don't know.
Hello.
That's nice.
自分《じぶん》の言葉《ことば》に合《あ》わせて 体《からだ》を動《うご》かせば 動《うご》きでも相手《あいて》に気持《きも》ちを 伝《つた》えることができるの
ぽかん…

確《たし》かにそうかもしれないけど秘密《ひみつ》のコツって言《い》うほどすごくないような…？
もちろんそれだけじゃないですよ
ジェスチャーを交《まじ》えることで動《うご》きに合《あ》わせて声《こえ》が大《おお》きくなったり
表情《ひょうじょう》が豊《ゆた》かになったりする効果《こうか》もあるのよ！
そんな効果《こうか》もあるの？
そう
どちらも会話《かいわ》にとって大切《たいせつ》なことね

どう？ジェスチャーのすごさがわかった？
うん！ありがとう先生《せんせい》！オレ、もう一度《いちど》がんばってみるよ！
Hi! Keigo.
（やあ！ケイゴ。）
Hi!
（やあ！）

Shall we have some cake over there?
(向《む》こうのケーキを食《た》べない？)
ぐっ
ようし…
ドキドキ
ビッ！
That's a good idea!
(いい考《かんが》えだね！)

Let’s go!
(いこう！)

Look over there!
(あそこを見《み》て！)
That star, that star
and that, too!
(あの星《ほし》、あの星《ほし》、あれも！)
You are great!
(すごい！)

I want to be
a space reseacher.
(宇《う》宙《ちゅう》の研究者《けんきゅうしゃ》に
なりたいんだ)

Wow! Cool!
(わあ！かっこいい！)
Good luck!
(うまくいくといいね！)

Thank you!
(ありがとう！)
Bye!
(じゃあね！)

上手《じょうず》に話《はな》せてたね！ケイゴ
教《おし》えてもらったジェスチャーを完全《かんぜん》にマスターしたからね！
へぇやるじゃん！
じゃあケイゴが上手《じょうず》に話《はな》せた記念《きねん》に残《のこ》ったケーキとジュースで乾杯《かんぱい》しましょう!!

にっ
That's a good idea!
(いい考《かんが》えだね！)
ドヤッ

もう…すぐ調子《ちょうし》に乗《の》るんだから！
ケイゴにはケーキなし！
くるっ
ガン☆
そんな〜

5 章《しょう》

英語《えいご》の文《ぶん》、ここに注意《ちゅうい》せよ！

4章《しょう》からのつづき——
単語《たんご》だけでも言語《げんご》や文化《ぶんか》によって、こんなにちがうんだね
とっても面白《おもしろ》いでしょ！
うん！もっといろんな単語《たんご》をおぼえたい！
ね？ケイゴ？
う、うん…
どうしたの？

同《おな》じ単語《たんご》でも
いろいろ意味《いみ》が
ちがうってことは…
文《ぶん》になると
もっと大変《たいへん》じゃ
ないか〜
単語
たんご
単語
たんご
単語
わ〜〜っ!!
…たしかに…
うわ〜
どうすれば
いいの〜
ふたりとも…

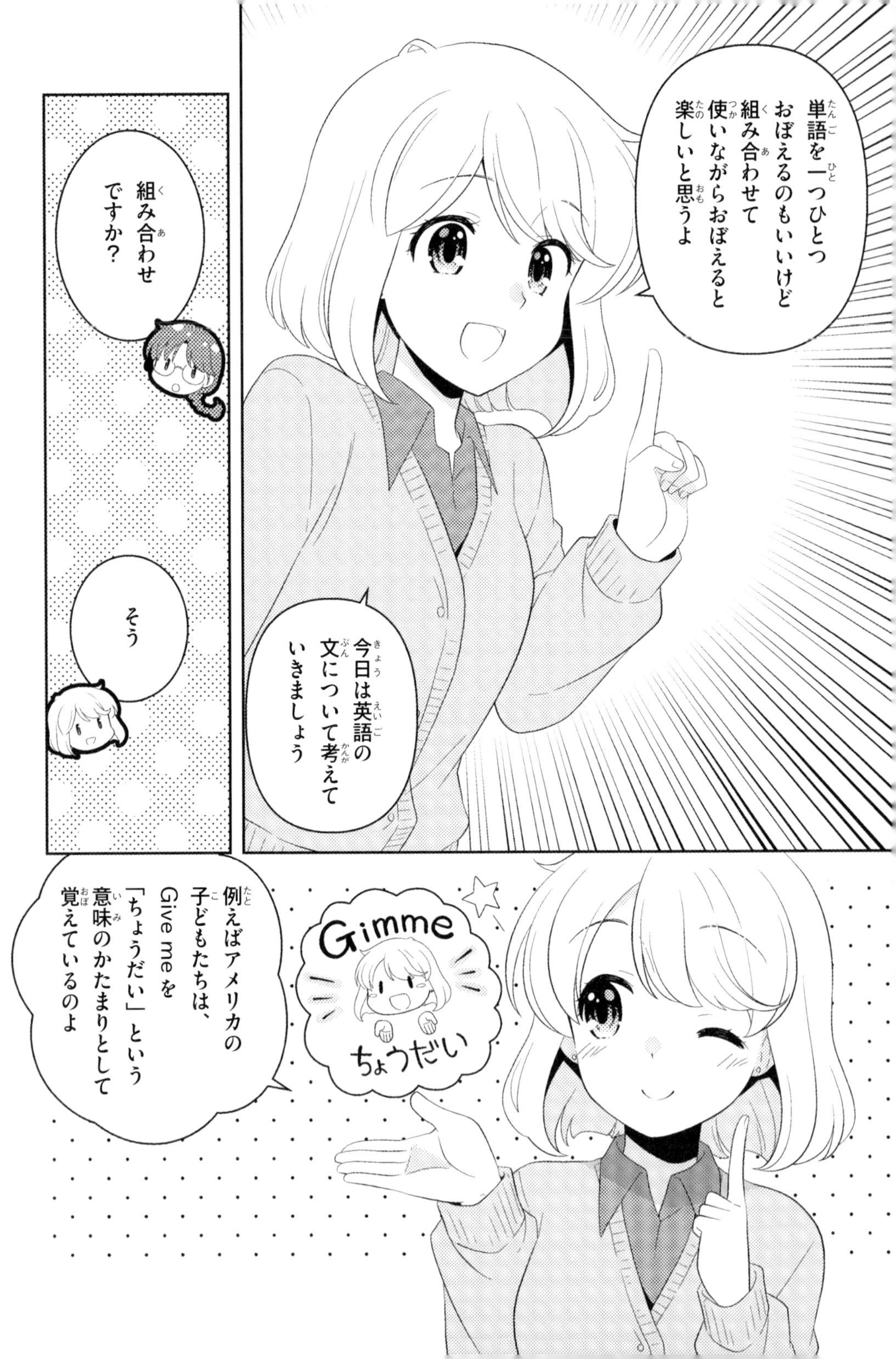
単語《たんご》を一《ひと》つひとつおぼえるのもいいけど組《く》み合《あ》わせて使《つか》いながらおぼえると楽《たの》しいと思《おも》うよ
今日《きょう》は英語《えいご》の文《ぶん》について考《かんが》えていきましょう
組《く》み合《あ》わせですか？
そう
Gimme
ちょうだい
例《たと》えばアメリカの子《こ》どもたちは、Give meを「ちょうだい」という意味《いみ》のかたまりとして覚《おぼ》えているのよ

えっと～ わたしは新《あたら》しい ペンと、服《ふく》と…
オレは靴《くつ》と ゲームとスマホ…
わっ!
Give me a pen!
Give me clothes!
Give me shoes!
Give me a game!
も～う Give me a break!
break? 先生《せんせい》は休憩《きゅうけい》が ほしいの?
〝かんべんして〟 っていう意味《いみ》よ…

Q27 英語《えいご》では結論《けつろん》を先《さき》に言《い》う？

さて、前《まえ》のレッスンでは「単語《たんご》」における文化《ぶんか》のちがいについて考《かんが》えてきたけど、ここでは「文《ぶん》」について考《かんが》えてみたいと思《おも》うの。

なるほど、楽《たの》しみです。がんばります！

さて、具体的《ぐたいてき》に英語《えいご》と日本語《にほんご》のちがいについて考《かんが》える前《まえ》に、日本人《にほんじん》と英語《えいご》で話《はな》しているときに、欧米《おうべい》の人《ひと》がときどき感《かん》じる違和感《いわかん》ってどんなことかわかるかな？

う〜ん、あ、そうだ！　お父《とう》さんが会社《かいしゃ》で「外国《がいこく》の人《ひと》、とくに欧米《おうべい》の人《ひと》と話《はな》すときはまずは結論《けつろん》を先《さき》に言《い》うように」と助言《じょげん》されているって聞《き》いたよ。

逆《ぎゃく》に日本人《にほんじん》は結論《けつろん》をあとに言《い》うと聞《き》いたことがあります。

たしかにそれは欧米《おうべい》の人《ひと》と日本人《にほんじん》との大《おお》きなちがいと言《い》えるわね。どちらがいい、悪《わる》いというわけではないけれど……。

先生《せんせい》もそう思《おも》ったりするの？

あたしはアメリカ人《にん》だから正直《しょうじき》、「先《さき》に結論《けつろん》を言《い》ってよ」と感《かん》じることがあるにはあるわ。

やっぱり、そうなんですか。

でも**アメリカ人《じん》でも、例《たと》えば絵画《かいが》を見《み》ながらじっくり感想《かんそう》を言《い》い合《あ》うような日《にち》常会話《じょうかいわ》もある**から、あまり心配《しんぱい》しないで。

でもそういう話《はな》し方《かた》のちがいって、どうやって生《う》まれたのかな。もしかしてお国柄《くにがら》とか？　日本人《にほんじん》は優柔不断《ゆうじゅうふだん》とか言《い》われるもんね。

これまで学習《がくしゅう》してきたことから推測《すいそく》していてとてもえらいわ。では、そのような考《かんが》え方《かた》を英語《えいご》の側面《そくめん》から考《かんが》えてみましょうか。

おっ。楽《たの》しみ！

Q28 日本語《にほんご》は「接着剤《せっちゃくざい》」型《がた》？

ここではまず、英語《えいご》もふくめた世界《せかい》の言語《げんご》について考《かんが》えてみましょう。厳密《げんみつ》にはきちんと分《わ》けられないけれど、世界《せかい》の言語《げんご》を大《おお》きく4つに分類《ぶんるい》する方法《ほうほう》があるの。

どんなふうに分類《ぶんるい》するんですか？

ちょっと難《むずか》しい言葉《ことば》だけれど、**「屈折語《くっせつご》」「孤立語《こりつご》」「膠着語《こうちゃくご》」「抱合語《ほうごうご》」の4つに分類《ぶんるい》されるの。そして日本語《にほんご》は「膠着語《こうちゃくご》」の仲間《なかま》と言《い》われているのよ。**

「膠着《こうちゃく》」って難《むずか》しい漢字《かんじ》ですね……。

膠《こう》は「にかわ」のことで、接着剤《せっちゃくざい》のこと。つまり日本語《にほんご》は、単語《たんご》と単語《たんご》が接着《せっちゃく》剤《ざい》でくっついて文章《ぶんしょう》になる言語《げんご》なのね。

接着剤《せっちゃくざい》……ちょっとわからないかも……。

具体例《ぐたいれい》をあげるわね。例《たと》えば「わたしはあなたを愛《あい》しています」という日本語《にほんご》の文章《ぶんしょう》があったとするわね。

お！　ちょっとドキドキ！

もう、ちゃんと聞《き》いて（怒）。その文章《ぶんしょう》では、「わたし」に助詞《じょし》の「は」がくっついて「主語《しゅご》のかたまり」になったり、「あなた」に助詞《じょし》の「を」がくっついて「目的語《もくてきご》のかたまり」になったりしている。

なるほど。助詞《じょし》が「接着剤《せっちゃくざい》」になっているんですね。

日本語《にほんご》には接着剤《せっちゃくざい》があるから、かたまりの順番《じゅんばん》をかえても意味《いみ》が通《つう》じるの。例《たと》えば、「わたしはあなたを愛《あい》しています」「あなたをわたしは愛《あい》しています」「愛《あい》しています、わたしはあなたを」はすべて意味《いみ》が同《おな》じだよね。

なるほど〜。もしかしてモンゴル語《ご》も膠着語《こうちゃくご》？

いきなりね（笑）。でも正解《せいかい》よ。どうしてわかったの？

モンゴル出身《しゅっしん》のお相撲《すもう》さんって、すごく日本語《にほんご》が上手《じょうず》だなって前《まえ》から思っていたんだ。

K-POPアイドルも、日本語《にほんご》が流《りゅう》ちょうですよね。

そのとおり。モンゴル語《ご》も韓国語《かんこくご》も日本語《にほんご》と同《おな》じ膠着語《こうちゃくご》の仲間《なかま》なの。ほかにもトルコ語《ご》やフィンランド語《ご》などがあるわ。

Q29 英語《えいご》の文《ぶん》はどうやってできている？

じゃあ、英語《えいご》は日本語《にほんご》とかなりちがうから、きっと膠着語《こうちゃくご》ではない仲間《なかま》かな？

そのとおり。英語《えいご》は単語《たんご》の一部《いちぶ》をかえることで意味《いみ》をかえる特徴《とくちょう》を持《も》つ「屈折《くっせつ》語《ご》」として分類《ぶんるい》されるけれど、一方《いっぽう》で「孤立語《こりつご》」の特徴《とくちょう》も持《も》っている言語《げんご》なの。

「孤立語《こりつご》」ってことは……日本語《にほんご》とちがって英語《えいご》には接着剤《せっちゃくざい》がないのかな？

そうなの！　この仲間《なかま》には中国語《ちゅうごくご》やベトナム語《ご》、タイ語《ご》などがあるけれど、接着剤《せっちゃくざい》がない分《ぶん》、「単《たん》語《ご》をどこに置《お》くか」という語順《ごじゅん》がとても大切《たいせつ》になるの。

う〜んちょっと、わかりづらいです。

例《たと》えば、A ball hit Keigo.（ボールがケイゴにあたった）と、Keigo hit a ball.（ケイゴがボールを打《う》った）を比《くら》べてみて。単語《たんご》が入《い》れかわっただけなのに、意味《いみ》がまったく変《か》わっているよね。

Keigo hit a ball.　　A ball hit Keigo.

英語《えいご》は語順《ごじゅん》によって意味《いみ》がかわる。

英語《えいご》のほうが言葉《ことば》を置《お》く位置《いち》に厳密《げんみつ》なんですね。

そう。英語《えいご》は単語《たんご》をどの順番《じゅんばん》に置《お》くか、つまり語順《ごじゅん》によって意味《いみ》がかわるから、並《なら》べ方《かた》を間違《まちが》えると意味《いみ》が伝《つた》わらないだけでなく、まちがった文《ぶん》になってしまうのよ。

Q30 動詞《どうし》はなぜ重要《じゅうよう》なの？

加《くわ》えて、英語《えいご》と日本語《にほんご》では文《ぶん》の作《つく》り方《かた》自体《じたい》もちがうの。日本語《にほんご》って、動詞《どうし》を文《ぶん》のどこに置《お》くことが多《おお》いかな？ それでは問題《もんだい》です。次《つぎ》の単語《たんご》を「接着剤《せっちゃくざい》」などをつけて文《ぶん》にしてみてくれないかな。

コーヒー／好《す》きです／牛乳《ぎゅうにゅう》／わたし／紅茶《こうちゃ》

ええと……「わたしはコーヒーや牛乳《ぎゅうにゅう》や紅茶《こうちゃ》が好《す》きです」ですよね。

日本語《にほんご》のプロフェッショナルが言《い》うんだから、間違《まちが》いないわね（笑）。一方《いっぽう》の英語《えいご》では、I like coffee, milk and tea. となる。日本語《にほんご》で単語《たんご》の順番通《じゅんばんどお》りに訳《やく》すと「わたしは好《す》き、コーヒー、牛乳《ぎゅうにゅう》、紅茶《こうちゃ》」となる。

「わたしは好《す》き」って、一番大事《いちばんだいじ》なことを最初《さいしょ》に言《い》っているね。

そうなの！　例外《れいがい》はあるけれど、**基本的《きほんてき》に英語《えいご》の文《ぶん》は最初《さいしょ》に大切《たいせつ》なこと、つまり結論《けつろん》を言《い》ってから細《こま》かく説明《せつめい》していく特徴《とくちょう》があるの。**

それってさっき言《い》っていた欧米《おうべい》の人《ひと》が「結論《けつろん》を先《さき》に言《い》う」ってことと通《つう》じている気《き》がする。

逆《ぎゃく》に、日本語《にほんご》は語順《ごじゅん》もかえられるし、結論《けつろん》は最後《さいご》でもいい……。

もう。ふたりが先《さき》にあたしが言《い》いたいことを言《い》っちゃった（笑）。もちろん生《せい》活《かつ》や文化《ぶんか》のちがいもあるけれど、英語《えいご》や日本語《にほんご》という言語《げんご》の側面《そくめん》からも、そのようなちがいがあることが想像《そうぞう》できるよね。

そう考《かんが》えると、結論《けつろん》にあたる部分《ぶぶん》の「動詞《どうし》」って重要《じゅうよう》ですよね？

動詞《どうし》は主語《しゅご》とともに絶対《ぜったい》になくてはならない存在《そんざい》だからね。

でも、動詞《どうし》って「原形《げんけい》」だけでなく、どのような時間《じかん》をあらわすかで形《かたち》も変《か》わるし、中学校《ちゅうがっこう》ではおぼえるのが大変《たいへん》なんだよね……。

まさにそれはさっきの「屈折語《くっせつご》」の特徴《とくちょう》そのもの。playを例《れい》にすると、主語《しゅご》がsheやheになるとplayがplaysになったり、過去《かこ》のことをあらわすときにはplayedになったりする。

それが英語《えいご》の特徴《とくちょう》なんですね。気《き》をつけなきゃ。

それだけじゃなく、動詞《どうし》のこだわりにも注意《ちゅうい》が必要《ひつよう》よ。例《たと》えば日本語《にほんご》で「飲《の》む」は、「水《みず》を飲《の》む」場合《ばあい》はdrink some waterだけど、「みそ汁《しる》を飲《の》む」はeat miso soupになり、「薬《くすり》を飲《の》む」はtake medicineとなる。

え〜っ。それぞれちがう動詞《どうし》になってる！

これはひとつの日本語《にほんご》の動詞《どうし》から英語《えいご》の使《つか》い方《かた》を考《かんが》えてみた例《れい》だけど、逆《ぎゃく》に英《えい》語《ご》のひとつの動詞《どうし》から考《かんが》えてみましょうか。例《たと》えば日本語《にほんご》で「have」はどういう意味《いみ》かな？

ええと、「持《も》つ」だよね。「ペンを持《も》っています」だったら、I have a pen.だし、「リンゴを持《も》っています」だったら、I have an apple.だし……。

そのとおり。でもね、haveはI have a brother.（弟《おとうと》がいます）、I have a dog.（犬《いぬ》を飼《か》っています）、I have a headache.（頭痛《ずつう》がする）、という使《つか》い方《かた》もできるの。さっきの「薬《くすり》を飲《の》む」もI have medicine.とも言《い》えるのよ。

ひとつの英語《えいご》の動詞《どうし》が日本語《にほんご》ではさまざまな意味《いみ》になるんですね。

もう、助《たす》けて～。英語《えいご》の単語《たんご》や文《ぶん》をどうやって学習《がくしゅう》すればいいの～！

最終的《さいしゅうてき》には一《ひと》つひとつおぼえるしかないけれど、おぼえ方《かた》を工夫《くふう》することはできるかもしれないよ！

Q31 単語《たんご》をつながりでおぼえる？

ふたりはどうやって日本語《にほんご》をおぼえていったかおぼえている？

さすがにずっと前《まえ》のことだからわからないよ〜。

それはそうか（笑）。例《たと》えば「ワンワン（犬《いぬ》）」という言葉《ことば》を知《し》っている子《こ》どもの前《まえ》で、おかあさんが小《ちい》さい犬《いぬ》を指《ゆび》さして「ちっちゃいワンワン」と言《い》ったとするでしょう。すると、子《こ》どもは「ワンワンはわかるけど、『ちっちゃい』という知《し》らない言葉《ことば》を言《い》っているな」と思《おも》うことになるよね。

「ちっちゃい」という意味《いみ》はわからないまま。

そう。その時点《じてん》ではわからない。けれど、そのあと別《べつ》のタイミングで「ちっちゃいネコちゃん」というようなフレーズに出《で》あう。するとそのときに、以前《いぜん》に聞《き》いた言葉《ことば》を思《おも》い出《だ》して、共通《きょうつう》の「ちっちゃい」っていうのは「小《ちい》さい」とい

う意味《いみ》で使《つか》うんだな、と学習《がくしゅう》していく。

そうか、聞《き》いた言葉《ことば》でわかるものとそうでないものと分《わ》けているんだね。

言葉《ことば》が使《つか》われている場面《ばめん》、つまり**文脈《ぶんみゃく》の中《なか》で何回《なんかい》も同《おな》じ言葉《ことば》を聞《き》いて、理解《りかい》するようになる**ということよね。

だから、何度《なんど》も授業《じゅぎょう》で聞《き》いたI likeを使《つか》った文章《ぶんしょう》はよくわかるんだね！

そうね。じゃあ、ここで質問《しつもん》。「gimme」っていう英語《えいご》は、どんな意味《いみ》だと思《おも》う？

知《し》らない単語《たんご》だけど、give meという英語《えいご》に近《ちか》いような。

正解《せいかい》よ。「ギンミー」は「ちょうだい」という意味《いみ》のgive meをくっつけた言《こと》葉《ば》なの。

やった〜。でもなんで子《こ》どもはそんな言葉《ことば》を使《つか》うんだろう？

さっき話《はな》した日本《にほん》の子《こ》どもが日本語《にほんご》を音《おと》からおぼえるように、**英語《えいご》を使《つか》う子《こ》どもも、英語《えいご》を周《しゅう》囲《い》の音《おと》から学《まな》んでいく**ということなの。つまり、まわりの大人《おとな》と自分《じぶん》とのやり取《と》りから、なにかをもらうときに「gimme」として、ひとつのかたまりとして使《つか》いはじめるということね。

たしかにネイティブスピーカーが早口《はやくち》で話《はな》しているとき、かたまりのように聞《き》こえたりしますよね。

そうね。そのかたまりから、次《つぎ》に子《こ》どもたちは「ちがい」を認識《にんしき》していくの。きっとふたりだって、もっと幼《おさな》いころは同《おな》じようにしていたはずよ。

耳《みみ》にした言葉《ことば》をかたまりとして聞《き》いて、使《つか》うようになったわけか。

赤《あか》ちゃんは耳《みみ》から言葉《ことば》をおぼえていく。

こうやって、英語《えいご》を単語《たんご》の組《く》み合《あ》わせのかたまりとしておぼえていく方法《ほうほう》は、「チャンクラーニング」と言《い》われているわ。

英語《えいご》を話《はな》す人《ひと》がおぼえた方法《ほうほう》で勉強《べんきょう》していくってことですね。

英語《えいご》で「チャンク」は「かたまり」という意味《いみ》なの。

Q32 チャンクラーニングで英語《えいご》は上達《じょうたつ》するの?

でも、チャンク（かたまり）で英語《えいご》をおぼえるって想像《そうぞう》できないな。

そうかな? じゃあ、あまり意味《いみ》も考《かんが》えず口《くち》から出《で》てくる英語《えいご》の表現《ひょうげん》ってないかな?

そういえば、毎時間《まいじかん》やっているあいさつはどう? How are you?（お元気《げんき》ですか）、I'm fine.（元気《げんき》です）とか。

だったら、オレも言《い》える。See you tomorrow.（またね）とか。

そうでしょう。それらは、あまり意味《いみ》を考《かんが》えずに口《くち》からかたまりで出《で》てくるよね。

たしかにあんまり考《かんが》えてないかも（笑）。

同《おな》じように、ひとつずつ単語《たんご》をおぼえるにしても、**使《つか》っている状況《じょうきょう》に合《あ》わせて2つか3つの単語《たんご》をいっしょにスラスラ言《い》えるようになるまでおぼえたら、英《えい》語《ご》を話《はな》すときや書《か》くときに役立《やくだ》つ**のよ。

具体的《ぐたいてき》な例《れい》を教《おし》えてもらえますか？

例《たと》えばgo to the park（公園《こうえん》に行《い》く）、go to the classroom（教室《きょうしつ》に行《い》く）、go to the bus stop（バス停《てい》に行《い》く）をいっしょにおぼえたりすることね。

だったら、わたしは料理《りょうり》をよくするから、cook curry and rice（カレーライスを料理《りょうり》する）、cook potato salad（ポテトサラダを料理《りょうり》する）、cook ramen（ラーメンを料理《りょうり》する）って感《かん》じでおぼえるってことかな。

いい調子《ちょうし》ね。ケイゴだったら、運動神経《うんどうしんけい》がいいから、You can play soccer well.（あなたはサッカーが上手《じょうず》です）、You can run well.（あなたは走《はし》るのが上手《じょうず》です）、You can kick well.（あなたはけるのが上手《じょうず》です）っておぼえればいいんじゃない？

むふふ。

ケイゴ、どや顔《かお》になるのやめて〜。

ちなみにこの勉強法《べんきょうほう》では、チャンクを文脈《ぶんみゃく》の中《なか》で何回《なんかい》も聞《き》くっていう前提《ぜんてい》を忘《わす》れないでね。いずれにしても、この「チャンクラーニング」をふくめて、このレッスンで教《おし》えたような視点《してん》をもとに、英語《えいご》の文《ぶん》にチャレンジしてみてね！

白《しろ》い大理石《だいりせき》の建物《たてもの》・インドのタージ・マハル

国《くに》 インド　愛《あい》あふれる度《ど》！ ★★★

イスラム文化《ぶんか》の代表的《だいひょうてき》な建築物《けんちくぶつ》として世界遺産《せかいいさん》に登録《とうろく》されたタージ・マハル。まばゆいばかりの白《しろ》い大理石《だいりせき》でできていて宮殿《きゅうでん》のように見《み》えるけれど、じつは死者《ししゃ》をとむらう墓廟《ぼびょう》なの。ムガール帝国《ていこく》第《だい》5代《だい》皇帝《こうてい》であるシャー・ジャハーンは、戦場《せんじょう》にまで妻《つま》を伴《ともな》うほどの愛妻家《あいさいか》。その妻《つま》が第《だい》14子《し》出産《しゅっさん》後《ご》に亡《な》くなってしまったために、ジャハーンはこの世《よ》で最《もっと》も美《うつく》しい墓廟《ぼびょう》を建《た》てることを決意《けつい》したの。

建築《けんちく》に要《よう》した年月《としつき》は約《やく》20年《ねん》。壁《かべ》にはイスラム独特《どくとく》の美《うつく》しいアラベスク模様《もよう》が彫《ほ》り込《こ》まれ、ひすいや水晶《すいしょう》、トルコ石《いし》、サファイアなどの宝石《ほうせき》や鉱石《こうせき》がそれを飾《かざ》っているの。建物《たてもの》の前《まえ》にある長《なが》さ約《やく》300mの池《いけ》にタージ・マハルが映《うつ》る姿《すがた》は、とくに月夜《つきよ》はひときわエキゾチックで、世界中《せかいじゅう》から訪《おとず》れる観光客《かんこうきゃく》の目《め》をうばっているわ。

皇帝《こうてい》の、妻《つま》への愛《あい》があふれているわね。

6章《しょう》

エレン流《りゅう》・つまずきポイント解《かい》決《けつ》法《ほう》

どさ〜っ
もうだめだ〜
急《きゅう》にどうしたの？
英語《えいご》のことはわかりかけている気《き》がするけど…
気《き》がするけど…
？

中学校《ちゅうがっこう》での勉強《べんきょう》では
Can
複数形《ふくすうけい》
過去形《かこけい》
代名詞《だいめいし》
うーん…
やっぱりわからないことも結構《けっこう》あって…
なるほど～
多《おお》くの中学生《ちゅうがくせい》が悩《なや》むところが集《あつ》まっている感《かん》じがするわね
小学校《しょうがっこう》で習《なら》わないところもあるよね…
わたしも不安《ふあん》かも…

先生《せんせい》…どうやったら挽回《ばんかい》できるかなぁ…？
しょんぼり…
わかりました！
ドーン！

では、英語《えいご》の参考書《さんこうしょ》にはのっていない
エレン流《りゅう》の中学生《ちゅうがくせい》お悩《なや》み解決法《かいけつほう》を伝授《でんじゅ》するわね
やった！お願《ねが》いします！

Q33 エレン流《りゅう》・つまずきポイント解決法《かいけつほう》とは？

エレン流《りゅう》の解決法《かいけつほう》を教《おし》えるにあたり、ケイゴの具体的《ぐたいてき》なお悩《なや》みポイントを教《おし》えてくれるかな。

単数形《たんすうけい》・複数形《ふくすうけい》のちがいとか、代名詞《だいめいし》とかかな……。

なるほど。そのふたつは小学校《しょうがっこう》との差《さ》で中学生《ちゅうがくせい》が苦労《くろう》するところだわ。小学校《しょうがっこう》までは英語《えいご》は楽《たの》しかったのに、**中学校《ちゅうがっこう》できらいになったという人《ひと》はたいてい、そのあたりでつまずいている**の。

わたし、ケイゴみたいに中学校《ちゅうがっこう》でつまずきたくないです。ケイゴみたいにならない方法《ほうほう》を教《おし》えてくれませんか。

わかったわ。では、とくにそのふたつについて集中的《しゅうちゅうてき》に教《おし》えていくわね。

ハルカ、なんか余計《よけい》なこと言《い》ってないか？

Q34 「ひとつ」か「それ以上《いじょう》」か？

これまでの授業《じゅぎょう》で英語《えいご》と日本語《にほんご》のこだわりについて説明《せつめい》したのをおぼえてる？

もちろん！ 言語《げんご》には文化《ぶんか》のちがいが反映《はんえい》されて、それぞれの国《くに》にそれぞれのこだわりがある。

そのとおり。実《じつ》はその**こだわりが悩《なや》みを解決《かいけつ》するヒントになる**のよ。例《たと》えば、「リンゴが好《す》きです」という日本語《にほんご》は正《ただ》しいかな？

別《べつ》に変《へん》じゃないと思《おも》うけど。

そうよね。では、その文章《ぶんしょう》を英語《えいご》にしてみてくれる？

I like apple. ですよね！

ちがうよ、ハルカ。I like an apple. か、I like apples. なんだよ。

そのとおり。さすがね、ケイゴ。

an appleとか、applesとか、なにがちがうんですか？

かんたんに言《い》うと、リンゴが「1個《こ》」か「それよりも多《おお》いか」という**単数《たんすう》と複数《ふくすう》のちがいをあらわしているの**。

ええ〜。英語《えいご》にはそんなこだわりがあるんですか？

日本語《にほんご》ではそこまで気《き》にしないもんなぁ。

そのこだわりが単《たん》なる「数《かず》のちがい」だけではなくて、いわゆる文《ぶん》の構成《こうせい》、つまり**「文法《ぶんぽう》」にもとても大《おお》きな影響《えいきょう》を与《あた》えているの**。ここは一見《いっけん》わかりづらい

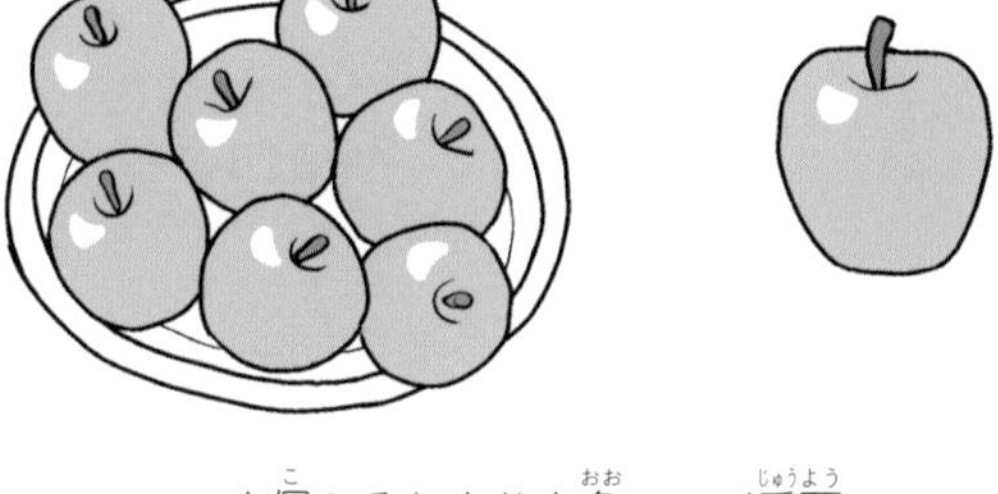

1個《こ》かそれよりも多《おお》いかが重要《じゅうよう》。

けれど、理解《りかい》しておかないといけないポイントなのよ。

Q35 「数《かず》へのこだわり」がもたらす影響《えいきょう》ってなに？

でも、I like apples. で影響《えいきょう》が出《で》るのは、apples の部分《ぶぶん》だけですよね？ 全体《ぜんたい》って言《い》えないんじゃないですか。

それはよい質問《しつもん》ね。このリンゴの例《れい》の場合《ばあい》は apples だけになるけれど、次《つぎ》の例《れい》はどうかな？ 両方《りょうほう》とも日本語《にほんご》では「ライオンは強《つよ》い」だよね。

① A lion is strong.

② Lions are strong.

あ、単数形《たんすうけい》と複数形《ふくすうけい》の単語《たんご》以外《いがい》の部分《ぶぶん》もかわってる！

たしかに is や are という**動詞《どうし》にあたる部分《ぶぶん》がかわっている**よね。

そのとおり。これは、**単数形《たんすうけい》・複数形《ふくすうけい》のちがい**が、それ以外《いがい》の部分《ぶぶん》にまで**影響《えいきょう》を与《あた》える**ひとつの例《れい》なの。

なるほど〜。文法《ぶんぽう》というと、「そうではないこと」をあらわす「否定形《ひていけい》」や質《しつ》問《もん》したりする「疑問形《ぎもんけい》」といったイメージがあるけれど、**英語《えいご》のこだわりである「単数形《たんすうけい》」「複数形《ふくすうけい》」も影響《えいきょう》を与《あた》えている**んだね。

Q36 数《かぞ》えられる名詞《めいし》、数《かぞ》えられない名詞《めいし》って？

それに**名詞《めいし》は「数《かぞ》えられる名詞《めいし》」と「数《かぞ》えられない名詞《めいし》」に分《わ》けられる**のよ。

「数《かぞ》えられない名詞《めいし》」ってどんなものがあるんですか？

例《たと》えば、water（水《みず》）やtea（お茶《ちゃ》）など形《かたち》がないものや、rice（コメ）やcone（トウモロコシ）のような小《ちい》さな粒《つぶ》のもの、cake（ケーキ）やbread（パン）のように切《き》り分《わ》けても性質《せいしつ》が変《か》わらないものなどがあるわ。

たしかに、水《みず》は数《かぞ》えられないよね。

だから名詞《めいし》は、単語《たんご》の意味《いみ》をおぼえることももちろん大切《たいせつ》なんだけど、それだけではなく、数《かぞ》えられるか、数《かぞ》えられないか、複数《ふくすう》になった場合《ばあい》の発音《はつおん》や書《か》き方《かた》なども学習《がくしゅう》しなくてはいけないの。単語学習《たんごがくしゅう》は奥深《おくぶか》いのよ。

けっこう大変《たいへん》そう。でも「文法《ぶんぽう》」にもつながるから大切《たいせつ》なんですよね。

そのこだわりを理解《りかい》すれば、英語《えいご》がより理解《りかい》できると思《おも》うわ。

Q37 代名詞《だいめいし》ってなに？

つづけてふたつ目《め》のお悩《なや》みに移《うつ》りましょうか。ケイゴは代名詞《だいめいし》がわからないと言《い》っていたけれど……。

すみません。代名詞《だいめいし》ってなんですか？

名前《なまえ》のとおり**「名詞《めいし》の代《か》わりをする言葉《ことば》」**のことよ。まずは代名詞《だいめいし》の単数形《たんすうけい》・複数形《ふくすうけい》の確認《かくにん》をしましょうか。次《つぎ》の文《ぶん》の最初《さいしょ》にある「彼《かれ》」などにあたる部分《ぶぶん》が代名詞《だいめいし》よ。いくつか紹介《しょうかい》するね。

① He is a student.（彼《かれ》は生徒《せいと》です。）

② She is a student.（彼女《かのじょ》は生徒《せいと》です。）

③ We are friends.（わたしたちは友達《ともだち》です。）

④ They are friends.（彼《かれ》らは友達《ともだち》です。）

あ、**単数形《たんすうけい》と複数形《ふくすうけい》によって、それにつづく動詞《どうし》もきれいに分《わ》かれている！**

オレは丸暗記《まるあんき》してたけど、改《あらた》めて見《み》るとこういう分《わ》け方《かた》もあるんだなぁ。

でも、気《き》をつけないといけないこともあるの。次《つぎ》の文《ぶん》を見《み》てみて。

⑤ I am a student.（わたしは生徒《せいと》です。）

あれ？ 単数形《たんすうけい》だけど①②みたいにisじゃなく、amになってる！

このように**すべてがシンプルに単数形《たんすうけい》と複数形《ふくすうけい》とに分《わ》けられるわけではない**のよ。でも、学校《がっこう》でくわしく勉強《べんきょう》するから大丈夫《だいじょうぶ》よ。安心《あんしん》してね。

Q38 英語《えいご》の文《ぶん》は主語《しゅご》を省略《しょうりゃく》しないの？

そもそも代名詞《だいめいし》ってなんのために必要《ひつよう》なんですかね？ そこがずっと疑問《ぎもん》です。

なるほどね。実《じつ》は代名詞《だいめいし》にも英語《えいご》のこだわりが関係《かんけい》しているの。答《こた》えはズバリ**「英語《えいご》の文《ぶん》は主語《しゅご》を省略《しょうりゃく》しない」**ってこと。

「主語《しゅご》を省略《しょうりゃく》しない」ですか？

ちょっと難《むずか》しいかな。ここで質問《しつもん》。「ハルカは英語《えいご》の勉強《べんきょう》が好《す》き？」

「好《す》きですけど……」

ハルカの今《いま》の文章《ぶんしょう》、主語《しゅご》はあったかな？

あ〜、ない！ この場合《ばあい》、主語《しゅご》は「わたしは」ですもんね。「わたしは英語《えいご》の勉強《べんきょう》が好《す》きです」が主語《しゅご》も入《はい》った「完全《かんぜん》な文《ぶん》」ですね。

日本語《にほんご》では主語《しゅご》を省略《しょうりゃく》しても通《つう》じるけれど、英《えい》語《ご》には「主語《しゅご》を必《かなら》ず入《い》れる」っていうこだわりがあるの。それがわかったうえで、次《つぎ》の文《ぶん》を読《よ》んでみて。どちらが読《よ》みやすい？

① 彼《かれ》はコウタです。コウタは学校《がっこう》に行《い》く途中《とちゅう》で友達《ともだち》のリサとメリッサに会《あ》いました。

② 彼《かれ》はコウタです。学校《がっこう》に行《い》く途中《とちゅう》で友達《ともだち》のリサとメリッサに会《あ》いました。

どのように表現《ひょうげん》したらわかりやすいかな？

最初《さいしょ》（①）よりも、次《つぎ》（②）のほうがちょっと読《よ》みやすい気《き》がするなあ。

①は2番目《ばんめ》の文《ぶん》に「コウタは」があるけれど、②はそれが省略《しょうりゃく》されているから、読《よ》みやすいんじゃない？

日本語《にほんご》を話《はな》すふたりがそう言《い》うならきっと正《ただ》しいわよね。そう、つまり前《まえ》の文《ぶん》章《しょう》などから**主語《しゅご》が明《あき》らかにわかっている場合《ばあい》、日本語《にほんご》では省略《しょうりゃく》するほうが自然《しぜん》**なの。一方《いっぽう》で、英語《えいご》では①の文《ぶん》のように、**きちんと主語《しゅご》を明示《めいじ》しないといけない**から、He is Kota. He met Lisa and Melissa. のような文章《ぶんしょう》になるの。

Q39 代名詞《だいめいし》のほんとうの役割《やくわり》とは？

でも、この英語《えいご》の文《ぶん》でも、まだちょっと不自然《ふしぜん》なの。次《つぎ》の③④は、前《まえ》の「彼《かれ》はコウタです。学校《がっこう》に行《い》く途中《とちゅう》で友達《ともだち》のリサとメリッサに会《あ》いました。」という文《ぶん》のつづきよ。どちらのほうがわかりやすいかな？

③　リサとメリッサはコウタの親友《しんゆう》です。コウタとリサとメリッサが話《はな》しているとリサとメリッサはコウタを映画《えいが》に誘《さそ》いました。コウタは喜《よろこ》びました。

④　彼女《かのじょ》たちは彼《かれ》の親友《しんゆう》です。三人《さんにん》が話《はな》していると彼女《かのじょ》たちは彼《かれ》を映画《えいが》に誘《さそ》いました。彼《かれ》は喜《よろこ》びました。

④のほうが短《みじか》いし、わかりやすい。③はいちいち名前《なまえ》を言《い》うから、読《よ》んでいてちょっとムズムズする。

④は「彼女《かのじょ》たち」「彼《かれ》」という代名詞《だいめいし》があるからすっきりしていると思《おも》う。

こう考《かんが》えると、代名詞《だいめいし》って接着剤《せっちゃくざい》のようなものってわかるよね。**代名詞《だいめいし》を使《つか》う**ことで、**長《なが》い文章《ぶんしょう》をわかりやすい形《かたち》にする**ことができるの。

前《まえ》のページにつづき、どのように表現《ひょうげん》するかな？

そうすると、英語《えいご》は日本語《にほんご》とちがって主語《しゅご》が省略《しょうりゃく》できない。だからこそ日本語《にほんご》以上《いじょう》に代名詞《だいめいし》の役割《やくわり》が大《おお》きいって考《かんが》えればいいんだ。

そのとおり！

なるほど〜。でも、じゃあなんで「文章《ぶんしょう》をわかりやすくする」はずの代名詞《だいめいし》がオレを悩《なや》ませるんだろう？

自分《じぶん》で言《い》ってるのが面白《おもしろ》い（笑）。

代名詞《だいめいし》はあくまで「代《か》わり」だから、「ほんとうの主語《しゅご》（をあらわすもの）」があるの。それは例《れい》にあげたコウタのような人物《じんぶつ》だけではなく、モノやコトだったりして実際《じっさい》は複雑《ふくざつ》なのよね。それに加《くわ》えて、中学校《ちゅうがっこう》では文章《ぶんしょう》も長《なが》くなり、「ほんとうの主語《しゅご》がなにか」が見《み》えにくくなる部分《ぶぶん》はあると思《おも》う。もしかしたら、そこでつまずいちゃっている生徒《せいと》は多《おお》いかもしれないわね。

でも、「ほんとうの主語《しゅご》」がわかれば、問題《もんだい》は解決《かいけつ》するってことですよね？

もしかしたら「ひとつ」か「複数《ふくすう》」かというこだわりもヒントになるかも！

ハルカ、すごい！　あたしもそう思《おも》うわ。まとめると、**①英語《えいご》は主語《しゅご》を省略《しょうりゃく》しないから注意《ちゅうい》する**、**②代名詞《だいめいし》の「ほんとうの主語《しゅご》」**をさがしてみることで、ケイゴの悩《なや》みは解決《かいけつ》するかもしれないわね。ただ、**代名詞《だいめいし》は主語《しゅご》の場所《ばしょ》にあるときと目的語《もくてきご》の場所《ばしょ》にあるときで形《かたち》がちがうし、また「〜の」っていう意味《いみ》をあらわすときにも形《かたち》がかわる**ので気《き》をつけてね。

あ〜。I-my-me, you-your-you, she-her-her, he-his-him のことだ！

そうそう。そうやって形《かたち》がかわることを音《おと》でおぼえてもいいよね。

Q40 単語学習《たんごがくしゅう》の大切《たいせつ》さとは？

そしてこのレッスンの最後《さいご》に、あたしがちょっと気《き》にしていることを話《はな》してみ

てもいいかな。みんなは「単語《たんご》」と「文法《ぶんぽう》」の勉強《べんきょう》はちがうものと思《おも》っているかもしれないけど、実《じつ》はあたしの考《かんが》えはちょっとちがうの。

どういうことですか？

「単語《たんご》」と「文法《ぶんぽう》」は車《くるま》の両輪《りょうりん》のようなものではなくて、単語《たんご》は文法《ぶんぽう》の一部《いちぶ》でもあるということ。言《い》いかえれば、「単語《たんご》がわからなければ、文法《ぶんぽう》もわからない」。もっとシンプルに言《い》えば、**「単語《たんご》は文法学習《ぶんぽうがくしゅう》の基礎《きそ》」ということ**なの。

なるほど。さっき教《おし》えてもらった単数形《たんすうけい》・複数形《ふくすうけい》の例《れい》もそうですよね。

そう。そのほかにも、例《たと》えば動詞《どうし》の時制《じせい》や、canの助動詞《じょどうし》の使《つか》い分《わ》けなどの問《もん》題《だい》も基本的《きほんてき》には同《おな》じ。これらは「文法《ぶんぽう》の問題《もんだい》」ととらえられがちだけど、どちらかというと**単語《たんご》の問題《もんだい》だとあたしは思《おも》っている**の。

たしかに文法《ぶんぽう》を知《し》らなくても、単語《たんご》を並《なら》べればある程度通《ていどつう》じそうだよね。

う〜ん、そこまでは言《い》えないかな。例《たと》えば使《つか》われている単語《たんご》がすべてわかったとしても、正《ただ》しく読解《どっかい》できる割合《わりあい》は70％であるという研究結果《けんきゅうけっか》もあるから。

やっぱり文法《ぶんぽう》も知《し》らないとダメなんですか……。

そうね。でも、文法《ぶんぽう》を学《まな》ばないと英語《えいご》は理解《りかい》できないけれど、**単語《たんご》をわかっていなければ、文法《ぶんぽう》すら理解《りかい》できないというのも事実《じじつ》なの。**あたしが「単語《たんご》が文《ぶん》法学習《ぽうがくしゅう》の基礎《きそ》」と言《い》うのもそういう理由《りゆう》からなのよ。

Q41 単語《たんご》はたくさんおぼえないといけないの？

先生《せんせい》、実《じつ》は言《い》ってなかったんだけど深刻《しんこく》な悩《なや》みを白状《はくじょう》してもいい？ おぼえなきゃいけない単語《たんご》が多《おお》すぎて、ついていけなくなるときもあるんです……。

その気持《きも》ち、わかるわ。**国《くに》が定《さだ》めている高校《こうこう》までに学習《がくしゅう》しなければならない単《たん》語《ご》の量《りょう》は、ひと昔前《むかしまえ》と比《くら》べてものすごく多《おお》くなっている**のよね。

え～そうなの。だから負担《ふたん》も大《おお》きくなっているんですか？

それでも現実的《げんじつてき》には、やっとおとなりの韓国《かんこく》や中国《ちゅうごく》と同《おな》じくらいなのよ。

マ、マジ？　じゃあ、がんばるしかないってことか。

そう、そこはがんばるしかないの。でも、**単語《たんご》さえきちんと学習《がくしゅう》していれば、文法《ぶんぽう》の理解《りかい》だってずっと早《はや》くなる。**対応《たいおう》する日本語《にほんご》だけ知《し》っていればいいや、じゃなくて、これまであたしが教《おし》えた学習法《がくしゅうほう》も活用《かつよう》してくれたらうれしいわ。

そうか、じゃあがんばって、いつか韓国《かんこく》や中国《ちゅうごく》の人《ひと》と単語《たんご》をおぼえた苦労《くろう》をわかちあおうかな（笑）。

そうね（笑）。でも、そういう具体的《ぐたいてき》な目標《もくひょう》を持《も》つって大事《だいじ》なことだよ。

よ～し。オレはまずは身近《みぢか》なところで。まずはとにかく単語《たんご》をがんばって、今《こん》度《ど》の定期《ていき》テストもがんばります！

古代《こだい》エジプトの象徴的建造物《しょうちょうてきけんぞうぶつ》・ピラミッドとスフィンクス

国《くに》 エジプト　有名度《ゆうめいど》! ★★★

最後《さいご》は4,000年以上前《ねんいじょうまえ》の古代《こだい》エジプトの繁栄《はんえい》を伝《つた》える有名《ゆうめい》な世界《せかい》遺産《いさん》を紹介《しょうかい》するね。ギザにある3つの大《おお》きなピラミッドはそれぞれ古代《こだい》エジプトの三代《さんだい》の王《おう》のお墓《はか》で、一番大《いちばんおお》きいのが最《もっと》も北側《きたがわ》にあるクフ王《おう》のピラミッド。高《たか》さはなんと約《やく》138mもあるの。そしてピラミッドを守《まも》るスフィンクスは空想上《くうそうじょう》の生《い》き物《もの》で、人間《にんげん》の顔《かお》とライオンの身体《からだ》を持《も》っているわ。日本《にほん》でいうと神社《じんじゃ》の狛犬《こまいぬ》のような存在《そんざい》かしら。全長《ぜんちょう》73.5m、高《たか》さ20mもあり、一枚岩《いちまいいわ》で彫《ほ》り出《だ》されたものとしては世界《せかい》で一番大《いちばんおお》きい像《ぞう》なのよ。

実際《じっさい》に見《み》るとその大《おお》きさは想像《そうぞう》をはるかに超《こ》えていて、人間《にんげん》の知《ち》恵《え》と力《ちから》の可能性《かのうせい》を感《かん》じずにはいられない！　ピラミッドとスフィンクスは、実際《じっさい》に現地《げんち》で眼《め》で見《み》て感《かん》じることの大切《たいせつ》さを教《おし》えてくれる偉大《いだい》な世界遺産《せかいいさん》なのよ。

人間《にんげん》の可能性《かのうせい》を感《かん》じさせてくれる遺跡《いせき》ね。

7章《しょう》

最《さい》後《ご》に…思《おも》い出《だ》してほしいこと

エレン先生《せんせい》に教《おし》えてもらって、かなりすっきりした！
わたしも中学《ちゅうがく》での英語《えいご》の勉強《べんきょう》が楽《たの》しみになってきた！
よかったわ！
にこっ
でもなぁ…う〜ん…
どうしたの？まだなにかあるの？

ちょっとだけ
ひっかかっている
ことがあって
なに？
学校《がっこう》の英語《えいご》の授業《じゅぎょう》は
結局受験用《けっきょくじゅけんよう》で
海外《かいがい》で活躍《かつやく》するための
勉強《べんきょう》じゃないかなって
気《き》がして…
受《じゅ》験《けん》
そう思《おも》うとあんまり
やる気《き》が出《で》なくって…
どよん
ハア…

…たしかに
学校《がっこう》で勉強《べんきょう》している英語《えいご》って実際《じっさい》に役立《やくだ》つのかなぁ
不安《ふあん》…
大丈夫《だいじょうぶ》！
絶対《ぜったい》に役《やく》に立《た》つから安心《あんしん》して！
でも、ふたりが不安《ふあん》になる気持《きも》ちもわからないでもないわね…
でしょでしょ！

じゃあ今日《きょう》は
そんなときに思《おも》い出《だ》してほしい話《はなし》をしようかな
思《おも》い出《だ》してほしい話《はなし》？
そう
よく聞《き》いてね！

Q42 受験勉強《じゅけんべんきょう》って役《やく》に立《た》つの？

先生《せんせい》、思《おも》い出《だ》してほしいことってなんですか？

まだあなたたちの英語《えいご》の勉強《べんきょう》ははじまったばかり。これから英語《えいご》との長《なが》い付《つ》き合《あ》いをしなくちゃいけないでしょ？

グローバル社会《しゃかい》になるわけだから、もしかしたら一生《いっしょう》の付《つ》き合《あ》いになるかもしれない。

うまくいくとき、いかないとき、いろいろな時間《じかん》があると思《おも》うの。そんなときに**わかっていてほしいことを伝《つた》えたい**と思《おも》っているの。

でもさぁ、その前《まえ》に**オレたちにとっては「受験《じゅけん》」という壁《かべ》がある**んだよなぁ。英語《えいご》を勉強《べんきょう》したいって気持《きも》ちはあるし、できそうって気持《きも》ちになってきたけれど、受験勉強《じゅけんべんきょう》って実際《じっさい》に将来《しょうらい》、役《やく》に立《た》つのかな？

たしかに、昔《むかし》の英語《えいご》は受験《じゅけん》のための英語《えいご》だったかもしれない。でも、今《いま》はちがっていて、**「使《つか》える英語《えいご》」を意識《いしき》したものになっている**のよ。例《たと》えば、最近《さいきん》の高校入試《こうこうにゅうし》は英語《えいご》で意見《いけん》を書《か》かせたり、長文《ちょうぶん》を読《よ》ませるような問題《もんだい》も多《おお》くなっているわ。

時代《じだい》によって、学習《がくしゅう》する内容《ないよう》もかわってきているんですね。

受験《じゅけん》は教科書《きょうかしょ》で勉強《べんきょう》した内容《ないよう》を試《ため》すものだから、基礎《きそ》を固《かた》めるという意味《いみ》では大事《だいじ》だし、あとあと必《かなら》ず生《い》きてくる。だから「受験勉強《じゅけんべんきょう》は実践的《じっせんてき》ではない」とは必《かなら》ずしも言《い》えないの。基礎《きそ》が大事《だいじ》なのは、サッカーをつづけているケイゴにはよくわかるんじゃないかな。

キソレンって、めっちゃ大事《だいじ》だからね。同《おな》じように、**受験勉強《じゅけんべんきょう》をきちんとしていけば、英語《えいご》の基礎《きそ》を固《かた》めていくことになる**のかぁ。

ということで、ケイゴは受験勉強《じゅけんべんきょう》、がんばってね～（笑）。

こら、ハルカも近《ちか》いうちに同《おな》じ状況《じょうきょう》になるんだからな！

Q43 受験以外《じゅけんいがい》での勉強法《べんきょうほう》は？

でも、授業時間《じゅぎょうじかん》と受験勉強《じゅけんべんきょう》だけでは時間《じかん》が足《た》りないって言《い》ってましたよね。

そうね。だから**ほんとうに英語《えいご》ができるようになりたいのなら、それ以外《いがい》の時《じ》間《かん》の勉強《べんきょう》ももちろん大切《たいせつ》になるわ。**でもみんな、忙《いそが》しいでしょう？だからなかなか時間《じかん》が取《と》れなかったりするよね。でも、そんなときこそ、やはり**「なぜ英語《えいご》を勉強《べんきょう》したいのか」ということを考《かんが》えてほしいの。**

「なぜ英語《えいご》を勉強《べんきょう》したいのか」ですか？

たとえば、アメリカのＮＢＡ（プロバスケットボールリーグ）で活躍《かつやく》している日本人選手《にほんじんせんしゅ》は洋楽《ようがく》ラップを聞《き》いたり、英語《えいご》でコミュニケーションをとるゲーム

をしたりして、英語《えいご》を覚《おぼ》えていったそうよ。

海外《かいがい》のプロサッカーリーグで活躍《かつやく》している日本代表《にほんだいひょう》の選手《せんしゅ》も、海外《かいがい》の動画配信《どうがはいしん》サービスでドラマを観《み》たり、スマホアプリや映像配信《えいぞうはいしん》サービスを使《つか》ったりしているって聞《き》いたことがある。

みんないろいろな方法《ほうほう》で英語《えいご》を勉強《べんきょう》しながら、夢《ゆめ》をかなえているんですね。

英語《えいご》を話《はな》せるようになるには、もちろん適性《てきせい》だったり、海外《かいがい》に住《す》んでいるという環境《かんきょう》の要素《ようそ》もあったりすると思《おも》う。でもその根《ね》っこには、**英語《えいご》を使《つか》ってしたいこと、かなえたい夢《ゆめ》が明確《めいかく》にあること。**それが大切《たいせつ》だと思《おも》うの。

そういう意味《いみ》では、わたしは海外《かいがい》でも通用《つうよう》するパティシエ、ケイゴは宇宙《うちゅう》の研《けん》究者《きゅうしゃ》という夢《ゆめ》がある……。

その夢《ゆめ》を持《も》ちつづけていれば、受験勉強《じゅけんべんきょう》以外《いがい》でも、英語《えいご》にふれつづけることができるはずよ。今《いま》は昔《むかし》に比《くら》べて、さまざまなアプリや映像配信《えいぞうはいしん》サービスなど英《えい》

語《ご》に接《せっ》することができる手段《しゅだん》もとても増《ふ》えているから、やる気《き》があればどんどん上達《じょうたつ》すると思《おも》うわ。

やっぱり英語《えいご》を学《まな》ぶ動機《どうき》、つまりモチベーションが大切《たいせつ》ってことですね。

Q44 英語《えいご》でのコミュニケーションはおぼえている？

そのように、今《いま》はタブレットなどさまざまな手段《しゅだん》で英語《えいご》を学習《がくしゅう》できる環境《かんきょう》が整《ととの》っているのは事実《じじつ》よ。でもやはりあたしはチャンスがあれば、海外《かいがい》の人《ひと》とリアルなコミュニケーションをとってほしいと思《おも》っているの。

それが英語《えいご》を勉強《べんきょう》するモチベーションにつながるからですか。

それもあるわ。地方自治体《ちほうじちたい》が主催《しゅさい》している国際交流《こくさいこうりゅう》にかんするイベントなどもあったりするから、さがして挑戦《ちょうせん》してみてもいいかもしれないよ。

こうやって、小学生《しょうがくせい》のわたしでも、実際《じっさい》に生《なま》の英語《えいご》を聞《き》いたり、話《はな》したりしているのってとても楽《たの》しいし！

その気持《きも》ちって、実《じつ》は大人《おとな》になっても同《おな》じみたいだよ。実際《じっさい》、英語《えいご》が上手《じょうず》な日《に》本人《ほんじん》の友達《ともだち》に「英語《えいご》を話《はな》せてよかったときはいつ？」ときくと、**「英語《えいご》を使《つか》ってなにかが起《お》こったとき」**と言《い》う人《ひと》が多《おお》いの。

なにかが起《お》こったとき、ですか？

ある友達《ともだち》は、アメリカの姉妹都市《しまいとし》の小学生《しょうがくせい》と交流《こうりゅう》したときに、お互《たが》い相手《あいて》の言《こと》葉《ば》でコミュニケーションしたときのことを、ずっと昔《むかし》の出来事《できごと》なのにおぼえているって言《い》っていたわ。片言《かたこと》なのに気持《きも》ちが伝《つた》わったのが、すごく楽《たの》しかったって。

その気持《きも》ち、わかる気《き》がする。

別《べつ》の友達《ともだち》は、初《はじ》めて行《い》ったオーストラリア旅行《りょこう》で、英語《えいご》で注文《ちゅうもん》してコーヒーとサンドイッチを買《か》えたときのことをおぼえていたわ。英語《えいご》が通《つう》じてうれしかったけど、値段《ねだん》を確認《かくにん》しなかったから、支払《しはら》いのときに値段《ねだん》が高《たか》いことがわかって、失敗《しっぱい》しちゃった〜って。

あはは、面白《おもしろ》い〜。

でもなんで大人《おとな》になっても、そうやって英語《えいご》で話《はな》した昔《むかし》のことをおぼえているんだろう？

やっぱり「特別《とくべつ》」だからじゃないかな。

そうかもしれないね。でもそれに関連《かんれん》して、最後《さいご》の質問《しつもん》。「コミュニケーション」って、実《じつ》は2種類《しゅるい》あるのよ。それはなんでしょう？

コミュニケーションって、人《ひと》と会話《かいわ》をしているときのことだけじゃないの？

特別《とくべつ》な思《おも》い出《で》。

それは対人《たいじん》(interpersonal) コミュニケーションのこと。でも、実《じつ》はコミュニケーションにはもうひとつ、**自分《じぶん》との (intrapersonal) コミュニケーションというものもある**の。

Q45 コミュニケーションは2種類《しゅるい》ある？

自分《じぶん》とのコミュニケーションってどういうことですか？

さっき、英語《えいご》を話《はな》せてよかったと感《かん》じたのは「なにかが起《お》こったとき」って大人《おとな》が話《はな》していると言《い》ったよね。**その「なにか」ってどこで起《お》こったんだろう？**

「楽《たの》しかった」「うれしかった」って……。

あ、そうか！ それって**「心《こころ》の中《なか》」で起《お》こったこと**だよね。

それが「自分《じぶん》とのコミュニケーション」なんですね！

ふたりともさすがね！ たしかに英語《えいご》は、海外《かいがい》の人《ひと》とコミュニケーションを取《と》る方法《ほうほう》のひとつ。でも、そのように英語《えいご》を使《つか》ったり、学習《がくしゅう》したりすることは、**まだ知《し》らない自分《じぶん》に気《き》づいたり、発見《はっけん》したりするという「自分《じぶん》とのコミュニケーション」**につながっていると思《おも》うの。

さっきの例《れい》に出《で》た人《ひと》は、自分《じぶん》とのコミュニケーションが発生《はっせい》したから、大人《おとな》になってもその出来事《できごと》をおぼえているのかもしれないね。

もちろん日本《にほん》にいても、英語《えいご》を使《つか》わなくても、そのような自分《じぶん》とのコミュニケーションはできるわ。でも、**自分《じぶん》たちと文化《ぶんか》も言葉《ことば》も異《こと》なる人《ひと》とのやり取《と》りを通《つう》じた自分自身《じぶんじしん》の変化《へんか》はやっぱり特別《とくべつ》なもの**だと思《おも》うの。

だからさっき、できるだけリアルなコミュニケーションをしてほしいって言《い》ったんですね。

そのとおり！ それがきっと特別《とくべつ》な経験《けいけん》につながると思《おも》うから。

なんか、とても豊《ゆた》かというか……人生《じんせい》をエンジョイできる気《き》がする。

あ、もしかして、この授業《じゅぎょう》の最初《さいしょ》の「思《おも》い出《だ》してほしいこと」って、もしかしてこのことですか？

そのとおりよ。英語《えいご》を勉強《べんきょう》したり、英語《えいご》でコミュニケーションをとったりすることは、**新《あたら》しい自分《じぶん》と出会《であ》うこと、新《あたら》しいトビラを開《ひら》くことに通《つう》じる**から。

新《あたら》しいトビラ、ですか？

そう。言《い》いかえれば、英語《えいご》を勉強《べんきょう》したり、英語《えいご》を使《つか》って会話《かいわ》をしたりしているとき、あなたは「自分《じぶん》とコミュニケーションしている」ことにもなる。これはもしかしたら、相手《あいて》とのコミュニケーションと同《おな》じくらいとても大切《たいせつ》なことかもしれない。このことを頭《あたま》の片隅《かたすみ》に入《い》れておいてくれたらうれしいな。

Q46 レッスンをふり返《かえ》ってどうだった？

さて、あたしのレッスンはどうだったかな？

英語《えいご》を話《はな》せるようになって夢《ゆめ》を実現《じつげん》したい！とだけ思《おも》っていたけれど、それだけじゃない。英語《えいご》を学習《がくしゅう》することは自分《じぶん》を知《し》ることにつながることだとわかってよかったです！

オレも将来《しょうらい》を考《かんが》えながら、受験勉強《じゅけんべんきょう》もそれ以外《いがい》のことも、できることからやってみようと思《おも》う。なんかやる気《き》が出《で》てきた！

最初《さいしょ》のレッスンで伝《つた》えたように、グローバル化《か》が進《すす》んでいく世《よ》の中《なか》で、英語《えいご》が使《つか》えるようになることはこれまで以上《いじょう》に大切《たいせつ》になるわ。でもそれ以上《いじょう》に、**日本《にほん》語《ご》だけだったら体験《たいけん》できないような世界《せかい》にあなたたちをみちびいてくれるはず。**ぜひ自分《じぶん》に合《あ》った方法《ほうほう》で英語《えいご》の世界《せかい》を広《ひろ》げて、成長《せいちょう》していってね。

はい、がんばります！先生《せんせい》、ありがとうございました！

英語《えいご》学習《がくしゅう》はつづく…
コッ
コッ
今日《きょう》で今年度《こんねんど》も
最後《さいご》の授業《じゅぎょう》ね…
コッ
コッ
エレン先生《せんせい》！
ばっ！
どうしたの？
ガサッ

オレ期末《きまつ》テストで100点《てん》取《と》ったんだ!
やった〜!
がんばりましたね!ケイゴ!
わたしは昨日《きのう》、駅《えき》で困《こま》っている人《ひと》に話《はな》しかけて道《みち》を教《おし》えてあげられたよ
すごいわね!ハルカ
これも、先生《せんせい》のおかげだよ
それを早《はや》く先生《せんせい》に伝《つた》えたくて…

…そう言《い》ってもらえるなんてうれしいです！
でもね…
まだまだ英語《えいご》の勉強《べんきょう》ははじまったばかり
さあ、今日《きょう》も楽《たの》しく英語《えいご》の勉強《べんきょう》をしましょうね！
はい！
NEW HORIZON ENGLISH CLUB

アレン玉《たま》井《い》光《みつ》江《え》

広島県広島市出身。青山学院大学文学部英米文学科および同研究科教授。日本児童英語教育学会会長。Temple Universityで博士号（Doctor of Education）を取得。小学校英語検定教科書『NEW HORIZON Elementary』編集代表。専門は幼児・児童英語教育と第二言語習得。主な著書に『小学校英語の文字指導』（東京書籍）などのほか、『小学生のための英語絵本シリーズ』（同）、『英語のことば図鑑5000』（小学館）、『コナンと楽しく学ぶ小学校英語』（同）、『えいごでよむディズニー絵本シリーズ』（岩崎書店）などの児童向け学習書の監修も数多く担当している。

編集：株式会社サイドランチ
編集協力：小田島誓子
カバーデザイン：橋本千鶴
本文デザイン・組版：シーツ・デザイン
カバーイラスト：佳奈
本文マンガ：あおなまさお
本文イラスト：ぽね
写真：Gina Smith/Shutterstock.com, angie oxley/Shutterstock.com/PIXTA

エレン・ベーカー先《せん》生《せい》 はじめての英《えい》語《ご》教《きょう》室《しつ》

NFTデジタル動《どう》画《が》特典《とくてん》付《つ》き

2024年4月26日　第1刷発行

監修者　アレン玉《たま》井《い》光《みつ》江《え》
発行者　渡辺能理夫
発行所　東京書籍株式会社
〒114-8524 東京都北区堀船 2-17-1
電話　03-5390-7531（営業）
03-5390-7526（編集）
印刷・製本　図書印刷株式会社

978-4-487-81729-0　C6082　NDC830

東京書籍ホームページ　https://www.tokyo-shoseki.co.jp